생일과 일생

생일과 일생

오병량의 11월

ㄴㄴ> <ㄷㄴ

차례

작
가
의
말

골똘히 아픔을 보면 죄다 사람의 얼굴

오래전, 친구의 아내가 임신했다는 소식에 낚시복 차림
으로 급히 커다란 붕어를 가져왔다는 한 친구의 정성이 있
었습니다. 안타깝지만 그의 아내는 비린 붕어를 싫어했고
불행하게도 붕어를 가져온 친구를 미워하던 때였습니다.
그 미움의 이유를 넌지시 들어 알고 있던 터라 친구의 마음
을 짐작할 수 있었는데 그 사실을 도무지 아내에게 알릴 수
없던 친구는 결국 모종삽을 구해와 아파트 화단에 구멍을
파고 비닐에 담긴 힘 좋은 붕어 두 마리에게 봉분 없는 무덤
을 만들어주었다고 했습니다.

둘 모두의 마음을 헤아려야 했던 친구는 결국 붕어 살인
마가 되었지만 생매장된 붕어 두 마리 덕분에 가정과 우정

을 동시에 지킬 수 있었습니다. 마음이 서로 어긋날 때가 있어 매번 곤혹스럽지만 이렇듯 갈등이 해소되지 않는 삶이란 게 제법 흥미진진하기도 합니다. 그래서 가끔은 웃기도 하는 것 같습니다. 주위의 삶이 대략 이러해서 저의 삶이 크게 다를 바 없기에 깊은 울림이나 아득한 낭만이 이 책에는 없습니다. 송구스러울 따름입니다.

　11월을 맞고 11월을 받아 이렇게 11월의 이야기를 쓰게 되었습니다만 특별할 것은 없습니다. 뜻한 바 있던 1월이 뭐 뜻대로 됐던가요? 기다리지 않았으나 끝내 12월이 오듯 그렇게 오늘이 막무가내로 오는 것처럼 내일이면 다시 눈뜨고 별 다를 바 없는 하루와 마주할 확률이 높습니다. 매일매일이 내일 또 내일인 것처럼 1월이나 11월이나 나의 하루는 당신의 하루와 균등하니 우리는 같은 날씨와 똑 닮은 계절을 입고 그렇게 균등한 시간 속에서 각자의 시간을 다르게 살았겠습니다. 그러니 11월은 우리가 향수할 수 있을 모든 날에 대한 뒤늦은 찬사, 그 하나라 해도 족하다 생각합니다. 저는 그렇게 미움받는 낚시꾼의 심정으로 낚싯대를 세우고 그물을 드리우며 정든 일들을 기다렸던 것 같습니다. 자물쇠를 채우지 않아도 기념될 수 있는 하루가 있으니 11월은 잠시 잊고 일생一生과 비견되는 일생日生이 있다 믿으면 세상이 죄다 애틋으로 물든 사건과 같을 겁니다. 저는 그렇게 붕어를 만났고 어쨌든 지금은 나와 붕어의 시간입니다.

　골똘히 아픔을 보면 죄다 사람의 얼굴이었습니다. 누구든 그렇지 않을까요, 저라고 다를 바 없이 병 주고 약 주던 사람들이 많았을 겁니다. 부끄럽지만 살아가고 있고 아직 용서하지 못해 살아내고 있기도 합니다. 아픔을 치유하기 위해 사람을 멀리한들 완치가 있을 리 없고 사람의 일에 아픔이 배제될 수도 없으니 면역 없는 사람을 우리는 겪어내야 하겠습니다. 누구나 그렇게 살아가고 있으니 외롭게 건강했으면 합니다.

　비록 가난한 재주이지만 주제넘게 기회를 받아 사랑하고 앓던 마음들을 적어볼 수 있었습니다. 간절하고 애틋한 마음에 비해 허술하고 늘 비어보는 것이 저라서 많이 부족한 줄 압니다. 가을입니다. 약속할 수 없다 해도 안녕하시면 좋겠습니다.

11월 1일

시

흔들

절벽 끝에 멈춰진 바위와

바위 끝에 매달린 새가 있습니다

날개를 열 때마다 바위를 움켜쥔 다리가 보입니다

부스럼들이 쏟아집니다

당신이 밀어내는 건 흔들리는 마음인가요, 오늘의 새는

바위를 살해할지 모릅니다

내려다보는 죄의 깊이와 바위가 가진 절망의 높이가 같
다면

오래도록 바위는 함부로 죽지 못한 생명 같기도 하여서

그만 놓아주고 싶습니다

허공에 세운 얼굴은

벽 끝에 남겨진 몸을 돌아보지 않습니다

한 사람의 무릎을 베고 방 하늘을 보던 일도 그랬던가요,

주저한 것이 아니라 주저앉은 것입니다 바위는

한때 죽으려 했습니다

떨어지는 말이 떨어지는 입술이

떨어지는 발과 떨어지는 눈빛이

떨어지는 얼굴

툭 떨어져버릴 마음이 제발,

오늘밤만은

불을 켜두지 말아요

잡
문

세상에서 가장 귀여운 달리기

할머니가 뛴다. 횡단보도를 향해 달린다. 종종거리는 보폭이 좀처럼 남은 거리를 좁히지 못한다. 팔은 좌우로 흔들리지만 반동 거리가 짧고 작용과 반작용이 크게 두드러지지 않는 운동 속에서 계란을 쥐고 있는 듯한 주먹은 경직된 상태다. 계란이 깨질 것 같다. 가장 무거운 것은 무릎이다. 올라오는 데 한참을 쓰고도 겨우 한 뼘 높이니 찰나에 가라앉는다. 그러니 발바닥만 불이 난다.

나는 오리의 물갈퀴처럼 바쁜 헤엄을 본다. 물위에 뜬 몸은 고요하나 바쁘게 오므려 내딛는 것이 작고 귀여운 오리의 달리기 같다. 내 발가락을 꼼지락거리게 만드는 할머니는 어째서 미소를 가지고 달려오는 것인가, 대체 왜? 내 마음과 다르게 달리는 일이 즐거운가.

하지만 어려운 일이다. 어린 알바트로스는 이제 양력을 얻어야 한다. 어미 새가 며칠씩 길게는 몇 주 동안 먼바다에 나가 입안 가득 담아오던 먹이가 앞으론 없을지 모른다. 어미도 어린 새도 그것을 안다. 휘청인다. 고꾸라진다. 첨벙 바다에 빠지는 일도 있다. 결국 어린 새는 바람을 입고 더는 보이지 않는다. 영상은 그렇게 끝이 나지만…… 초록 불이 점멸하고 있다.

누군가는 기다려주지 않는다. 경적을 향해 미소를 보이며 저 뜀 속에서 "끼욱"을 고음 톤으로 여러 번 반복해서 운다는 고니가, 한번 울음에 이를 때마다 날개를 퍼덕이는 습성이 매우 예쁘다고 적힌 고니에 관한 백과의 글이 떠오르기도 한다.

그 귀엽고 느린, 조마조마한 꿈틀거림 속에서 종종에서부터 총총까지의 할머니의 역사가 보인다는 거짓을 감히 말할 수도 있다. 이 무해한 거짓은 작고 귀해서 세상에서 제일 귀여운 달리기라는 제목을 허락 없이 할머니에게 주고 싶은 날이다. 이상하게도 새들을 보면 그날의 할머니 생각이 난다.

우리 엄마의 엄마 이름은 원순일. 1929년에 태어나 나의 할머니가 되어주었다. 내가 이따금씩 기다리는 횡단보도 건너에 그녀가 있을 것도 같다. 아주 생생한 옛일이다.

잡
문

내가 오뱅이었던 때

따식이

따식이는 고등학교 졸업 후에 본 기억이 없다. 나름 친했던 한 살 터울 동생이었는데 부끄럼이 많은 두 살 터울 여동생이 있었고 어머니가 보험을 하셨었나, 그런 기억이 있다. 골목 모퉁이, 검붉은 벽돌의 빌라는 여전하다. 그 빌라의 삼층에 살던 따식이는 있는지, 없는지 지나는 길에 꼭 뒤돌아 올려보게 된다. 조금 돌아가는 길이라도 한두 번 둘러보고 싶은 집들이 있다. 잘 있어라, 간다!

쏭냄

동혁이의 성이 기억나지 않는다.

딩구

딩구는 신장이 아파서 병원을 정기적으로 가야 하고 투석도 한다. 그렇게 할 거면 당신이 의사 하라는 말을 들었다고 했었나, 한때 망원동 소주왕으로 불렸지만 건강한 신장을 위해 운동을 시작하고 식단을 조절하면서 살도 빠지고 조금씩 건강을 찾아가는 중이다. 몸은? 병원은? 녀석에게 언제부터 이런 안부를 묻게 되었다. 우리는 서로의 상태를 자꾸 묻는 나이가 된 것이다. 형! 살이 빠졌는데 생긴 건 똑같아, 딩구의 친구 쪼단은 자랑처럼 말한다. 어쩔 수 없나봐!

쪼단

첫사랑과 긴 연애 후 결혼했다. 누구나 다 아는 사실임에도 왜 그토록 자신의 아내가 첫사랑이 아니라고 항변하는지 본인도 잘 모르겠다며 멋쩍게 웃는 사람은 엉뚱하게도 착한 사람이라는 생각을 하게 한다.

길쭉이

얼굴이 긴 나의 친구는 나에게 나를 애쓰게 한다. 무던히 빚지는 중이다.

말갈이

형, 나 승영이야! 모르는 이름에 당황한 내게 승영이는 다시 말한다. 형, 나 말갈이! 우리는 그날 많이 웃고 오래 통화하면서 나머지 얘기는 곧 만나서 하자고 했다.

꼬동

나는 아직 교정장치에 붙어 말을 할 때마다 서서히 녹아사라지던 밀크 캐러멜, 그 얇고 흰 포장지를 뜯어 입안에 넣고 깔깔거리던 녀석의 쨍쨍한 목소리가 생생하다. 꼬동을생각하면 달달한 무엇을 자꾸 삼키고 있다.

랑

파주에서 그림도 그리고 글도 쓴다. 어릴 적 사랑을 알고처음 아팠을 때, 내게 자신의 침대를 내어주고서 바닥에 이불을 깔던 그 여름밤. 불이 꺼진 방안에서 오래 말 없다 자? 아니, 같은 물음과 답을 두어 번 더 긁적이며 나를 잠들게하였다.

베리

베리도 자신의 별명에 대해 알지 못한다고 했다. 녀석이 우리 곁을 떠난 이유를 누구도 알지 못하는 것처럼.

무파

만화책에 나오는 남자 중에서 너는 내가 제일 좋아하는 남자였고 지금도 그렇다.

홍만이

그가 닭을 굽던 가게는 매출에 비해 순수익이 매우 적다고 했다. 그래서 얼마가 남는데? 그의 답에 진짜? 하고 우리가 놀랄 때, 그는 가게를 부동산에 내놓고서 남는 시간에 배달 일을 할 거라고 했다. 일 년이 훌쩍 넘었지만 가게는 팔리지 않았다. 홍만이는 능숙한 라이더가 되었고 어깨가 좁아 얼굴이 커 보이는 거라며, 머쓱하게 웃기도 한다. 우리는 닭 장사와 내수와 정치에 대해 말하다 파이팅, 하자며 밖으로 나와 담배를 피운다. 서로의 가족에 대해 안부를 묻고 전하면서, 안녕을 기원하면서 파이팅, 하자며 담뱃불을 켠다.

쎄오

직장이 있는 김해로 내려가 사투리를 배웠다. 배움에 익숙지 않아서 그런지 거기서도 여기서도 이방인 소리를 듣는다. 서울에 올 일이 많지 않으니 내가 한번 내려갈게, 하면서도 결국 만나질 못하는 우리는 사는 게 이렇다면서 서로를 잘도 이해한다.

운다

울지 마라.

코

걱정이 하나인 사람은 건강이 무너진 사람일 테니 너는 몸, 마음 모두 안녕해야 한다. 잘생긴 코를 만지며 너는 자주 그런다. 친구 사이에 무슨,

짱대

크리스마스이브에 받은 편지를 아직 보관하고 있어! 나는 이 사실을 그의 아내가 있는 자리에서 말을 해주었고 "난 네가 좋다!"라는 고백도 있다는 말에 그럴 리가 없다며 너

는 낯을 붉혔다. 그의 아내는 부럽다, 라고 해주었지만 녀석은 끝까지 그럴 리가 없다며 머리를 크게 휘저었다. 중학교 3학년 겨울, 흐리고 쌀쌀했던 저녁, 명지대 앞 이차선 횡단보도 앞, 집으로 먼저 가야 한다는 네가 급히 내게 부끄럽게 던져두고 반대편으로 뛰어갔던 날. 내 손을 잡고 있던 여자친구가 그 편지를 주워준 것 같아서 우리는 잠깐 만났고 짱대와 나는 살아 있냐, 는 말로 서로를 지겹게 확인하는 중인가?

김뱅

너도 이름에 병이 있었다.

참치

실은 토라져 삐쭉 나온 네 입을 보고 주둥이가 뾰족한 청새치를 말한 것인데 어쩌다 너는 참치가 되었다. 너는 한참을 토라져 참치를 받아들이지 않았지만 참치!를 부르면 반드시 돌아봐주는 너그러운 사람이었다.

앰방

너처럼 환하게 웃는 사람을 나는 아직 못 보았다. 앰방,

하고 부르면 너는 세상이 다 열릴 것처럼 웃었다.

회의중

유치원을 마치고 너희 집에서 우유에 밥을 말아 먹던 그 여름을 너는 기억하지 못한다고 했다. 주차중이라며 약속 시간이 한참 지나도 오지 않더니 간신히 주차를 한 것인지 반년이 지난 어느 날, 머리를 긁적이며 네가 찾아왔을 때 도무지 방법이 없었다. 웃을밖에. '회의중이니 잠시 후, 연락 드리겠습니다.' 전화만 하면 또 그런다. 또.

추

소개팅에 나가 숟가락으로 쌈장을 먹었다던 너는 부끄러운 얼굴로 맛있잖아, 라고 했다. 깜짝 파티라며 케이크를 꺼내고 친구들을 모두 불러모아 노래를 부르고 박수를 쳐주던 날은 내 생일이 아니었는데, 량아, 그냥 하자!라며 비 젖은 고양이처럼 날 바라보면 널 어찌 나무랄까.

용각이

네모난 얼굴에 눈, 코, 입을 작게 그리면 너의 얼굴이 된다.

장탱

왼쪽 어깨에 새겨넣은 여자친구의 얼굴이 참 예뻤는데…… 건강을 위해 웨이트 트레이닝을 시작했다는 말은 직접 들었지만 어깨 근육의 발달로 여자친구 얼굴이 자꾸 커져서 어깨 중앙에 코만 보인다던 말을 전해 듣고 당장 장탱을 찾아가자고 했던 그해 여름으로부터 우리는 가끔 마주쳤지만 서로를 먼저 찾지 않는 사이가 되었다.

차씨

가끔은 크리스나 영빈 그리고 랄프로 불리던 때도 있었다. 그때마다 너는 손사래를 치며 차씨가 좋다고 했다. 차씨는 연안 차씨 하나뿐. 모두가 가깝거나 먼 친척이라고 너는 자랑처럼 말했다.

간판

근원을 물으니, 무서운 중학교 3학년 선배들이 몰려와 너 앞으로 2학년 간판짱 해라, 였다고 한다. 일촉즉발의 상황에서 항상 무릎 통증을 호소했다고 전해지는 녀석의 일관된 모면의 역사도 있다. 고등학교 때 만난 우리는 서로를 많이 미워하여서 투박하게 싸우는 일이 잦았다. 지금은 영영 모르는 안부가 되었으나 이따금 간판, 명함, 라벨 같은 말을 들을 때면 심심한 생각이 든다. 단 한 번을 따뜻한 적 없던 내게 소름 끼치게 다정했던 녀석의 마음 몇 가닥들이 손에 잡히는 일도 있다.

성기찬

출석을 부를 때 나는 너와 눈 마주친 적 있다. 우리는 말 없이 입술을 꾹 다문 채 서로를 응시하였고 미세한 *끄덕임*으로 우리의 고독을 긍정하였다.

쌍둥이

구제불능과 천방지축, 마이동풍, 독고다이의 시절을 함께 보내줘서 고맙다. 나는 너보다 예쁜 눈을 가진 남자를 본 적이 없었는데 너희 아버지의 눈을 보고 순간 얼었던 기억도 난다. 바로 그날이었다. 전역을 기념하여 아버지가 술을 사주셨던 그 밤, 나라 잃은 백성처럼 우리는 마셨고 다음날

아침 옷을 잘 차려입고 신발을 신은 채로 일어난 내게 어디 가니? 엄마는 말했다. 핸드폰 찾으려고! 이 얘길 이십 년째 하는데도 어째 질리지가 않는 거다.

......

한때 내가 오뱅이었을 때, 너희에게도 근사한 별명들이 있었다. 여전히 유효한, 아니면 불행히도 기한이 다한 그 값진 별명들에 경의를 표한다. 지금은 아니라 해도 남달랐던 시절마저 절연한 적 없으니 모름지기 누구와도 추억은 근친이다.

11월 4일

레
시
피

모두 다 아는, 누구나 다 하는 닭다리살구이

닭다리살 600g+누룩 소금 4T(60~88g)+후추 적당량

* 닭껍질이 싫다면 제거! 있는 것을 반드시 추천!

* 굵은 후추를 추천, 없다면 순후추도 가능.

① 닭다리살에 누룩 소금과 후추를 넣고 골고루 버무린 후, 냉장에서 반나절 재어두세요.

② 팬에 불을 올리고 식용유를 두릅니다.

③ 충분히 예열된 팬에 닭껍질을 바닥으로 해서 올리고 중약불로 익힙니다. (중불과 약불의 그 사이 정도라 생각하면 좋아요.)

④ 차분히 기다리세요. 바로 뒤집지 마세요. 기다리면 알

아서 색이 바뀝니다. 대략 5~7분 정도가 되면 닭다리
살이 반쯤 또는 그보다 조금 더 익으니 그때 뒤집어주
세요. (익는다는 건 살의 색이 변했다는 뜻입니다.)

⑤ 저는 보통 불을 꺼둡니다만 1분 정도 불에서 더 익히
서도 됩니다.

⑥ 가위나 칼을 이용해 닭다리살을 먹기 좋은 크기로 자
릅니다. (이 과정을 ⑤에서 하서도 돼요.)

저는 양배추(채 썬 것, 깍둑 썬 것 뭐든 좋아요)를 곁들여
술과 함께 먹습니다. 레몬이 있다면 레몬즙을 닭에 뿌려 먹
으면 좋아요. 없어도 됩니다.

양배추는 타래 소스와 함께 먹어도 좋은데 제품이 많으
니 사서 쓰세요.

바게트에 버터를 바르고(바게트를 팬에서 살짝 구워주
는 건 귀찮을까요? 가능하면 구우세요. 구운 후, 버터를 발
라도 되고 버터와 함께 구워도 됩니다. 상관없습니다. 빵만
먹어도 맛있으니까. 귀찮으면 전자레인지에서 살짝 익혀도

됩니다. 단, 버터는 꼭 바르세요) 바게트에 양상추와 와사비 마요네즈를 곁들여 샌드위치를 만드시면 됩니다. 주재료가 닭다리살이니 취향에 맞게 뭐든 넣어서 드세요. 샌드위치가 그런 거니까.

와사비 마요네즈는 마요네즈에 생와사비, 레몬즙을 넣어 만듭니다. 저는 마요네즈 2T+생와사비 1t+레몬즙 2t 정도 넣어 만듭니다. 대충이에요. 대충 섞어서 먹는데 제법 괜찮습니다. 마요네즈에 양꼬치 시즈닝, 레몬즙, 꿀 또는 설탕, 청양고추를 섞어서 닭다리살과 먹어도 좋습니다.

닭을 자르지 않고 익혀낸 후, 나이프와 포크만 준비하면 닭다리살 스테이크를 먹게 됩니다. 전에 자주 가던 샐러드 식당에서는 한 접시에 닭다리살 스테이크와 삶은 병아리콩, 쿠스쿠스, 샐러드를 담아주었는데 이 구성이 참 마음에 들었습니다.

몸이 피곤하고 움직이는 상상만 해도 힘들다면 사서 드세요. 이미 아시겠지만 무엇보다 확실한 건 몸이 편하면 음식이 더 맛있다는 겁니다.

11월 5일

단
상

요즘 애들 버릇없어!

나도 버릇이 없었다. 그래서? 내가 무얼 파괴했지? 나의 버릇없음이 사회를 선동했나? 아쉽게도 내 잘난 버릇은 유행도 되지 못했다. 지금도 누군가는 내게 버릇없다 할지 모르지만 그래서? 내가 나를 파괴했나? 당신을, 세계를?

나는 살아 있다. 그리고 당신과 세계도 아주 자알 있다.

밥 말리는 먼저 물리지 않는다면 절대 상대를 물지 않았다. 풍산과 리트리버의 교미종이었던 말리는 25년 봄에 별이 되었다. 엄숙한 기품과 온정을 남긴 채, 지구를 떠났다. (안녕! 말리, 삼촌이야. 잘 지내지?) 족보나 혈통을 따지는 사람들이 있다. 그들은 어째서인지 손가락질을 좋아하고 그처럼 고약한 사람들이 누군가의 됨됨이를 말한다. 무엇을 나무랄 때 혀를 차는 버릇들. 물론 내게도 그들을 빈정대는 고쳐지지 않는 버릇이 있다. 그래서 내가 그들을 다치게 했던가?

　가는 철사를 굵게 말아 나무에 입힌 '입산금지'나 '이곳은 사유지입니다'와 같은 나무의 살을 파먹는 악성 글귀들을 볼 때면 '나는 깡패입니다'라고 적힌 팻말을 걸친 채 거리를 행진해야 했던 독재 시대의 정치깡패들이 생각나기도 한다. 선전을 위장한 상해와 계몽을 빙자한 폭력이 있다. 불행히 사라지지 않는다.

　오래전 교복 입은 아이들이 담배를 태울 때 훈계할 수 있는 어른이 없다는 신문의 기사를 본 적이 있다. 청소년, 범죄, 도덕, 공경과 사회라는 어려운 단어들이 혼재된 이 기사에서 나는 훈계보다 어른에 먼저 눈이 갔다.

　권유하진 않지만 뜯어말릴 것도 못 되는 담배를 나도 꽤 어린 나이에 시작했다. 사춘기 시절의 또래 집단이란 선언이나 선동으로 서로를 잘도 설득하고 설득당했다. 폐암 가족력이 있어서 나는 안 태울래, 이처럼 사뭇 진지한 논거를 가진 근엄한 금연 청소년을 나는 보지 못했다. 설령 있다 해도 치기와 열망으로 무장한 아이들에게는 해제되기 쉬웠으니까. "그런 가족력이 있을 줄 몰랐어. 담배를 권유해서 미안해!" 이와 같은 순수한 대답을 예상했다면 그건 공영방송 청소년 드라마에도 나오지 않을 대사니 크게 잘못된 것이다.

여하튼 옳고 그름은 차치하고 이미 배워버린 담배를 친구들과 피울 때, 우리는 숨었다. 선배들이 있을 수 있는, 어른들이 지나칠 수 있는 장소와 멀어야 했고 내 친구의 집과 가깝지 않고 누군가를 마주친다 해도 쉽게 도망갈 수 있는 여러 조건이 충족된 곳이어야만 했다. 그것은 훈령 같은 것이어서 법적인 처벌을 받진 않았지만 내부적으로 제재를 받아야 했으므로 신중을 기하는 일이었다. 이 훈령은 선배가 선배들로부터 받아 암묵적으로 내려준 것으로 선배들도 이를 따르고 있으니 다른 여지가 없었다. 때문에 어른들의 다그침이 선배들의 말과 같아서 이탈은 제약을 동반해야 가능한 것이라 느꼈던 것 같다. 내게는 그럴만한 배짱도 없었고 흡연이 그리 자랑할 만한 것이 못 된다는 것쯤은 알고 있었다.

　물론 이런 것들은 또래 집단과 선배 집단 간의 규율이나 체계, 질서와 연결된 것들이니 그다지 근사한 것은 못 된다. 어른들이 구축한 사회를 모방함으로써 자신의 권위를 지키기 위한 장치로서 기능할 뿐인 통제 수단이라고 해도 무방한 것이다. 만인에게 적용될 리 만무하니 스스로가 제어하지 않는다면 권위는 쉽게 무너진다. 그런 멋 없는 선배들이 많았다.

　운이 좋게도 어린 내게 동경을 선물한 몇 안 되는 사람들이 있었다. 그중에 K가 있었는데 성인이 된 후, 우연히 술집에서 만난 그가 술잔을 왼손으로 잡고 새끼손가락 하나를 뻗어 입술을 살짝 축이던 모습이 그렇게나 멋져 보였다. 시쳇말로 잘나가는 선배였지만 누구에게나 공손하고 공평하게 친절한 사람이었다. 스무 살 됐다고 걸어다니면서 담배 태우는 거 별로야, 동네에서 그러지 마! 단호한 말이었지만 표정은 부드러웠다는 친구의 말에 부끄러워지던 날도 있었다. 나는 그를 중학생 시절부터 동경했었는데 말투, 눈빛, 옷차림과 인상까지 모두 닮고 싶어했다.

너 가져, 어느 날은 내게 묵직한 담뱃갑을 건네며 입술에 문 것이 마지막 담배라던 그는 다 태운 담배를 뒷주머니에 구겨 넣던 사람이어서 내가 온전히 그에게 다 배운 것이 하나 있다면 꽁초를 뒷주머니에 담는 습관 정도이다. 이 유일한 배움이 세탁된 빨래를 꺼낼 때마다 좀스럽게 추억을 줍게 만드는 날이 제법 있다.

동경은 멀리 있다. 잡힐 듯 쉬이 잡히지 않는 거리를 가진 채 그렇게 있는 것이어야 한다고 나는 믿고 있다. 그렇게 멀리 두고 바라보는 아름다움이어서 줄곧 바라보다 결국 애닳아야 닮아지게 되는 것이라고도 믿는다. 내게 낭만은 이런 것이기도 해서 좀처럼 낭만을 가져보지 못했는데 이는 오로지 나의 부족 때문이니 누굴 탓할 일은 아니다.

"우리 애는 착한데, 우리 애가 친구를 잘못 만나서……"

이런 말을 종종 듣고 그럴 때마다 반드시 웃게 된다. 결국 모두가 착하거나 아니라면 모두가 나쁜 아이임이 분명한 좀스럽고 민망한 변명들. 하지만 이 말의 본질은 결국 나쁨을 선별하기 위함이니 서로가 남의 아이를 가리키며 나쁨을 말해야 하고 부득이 아이들은 누가 더 나쁜지, 누가 더 나빴는지에 대한 생각을 강요받는다. 그렇게 배워지고 배운대로 살아지게 될 때, 어른의 추함이 그 강고한 멋없음이 어째서 아이들의 버릇으로 오해되어야 하는지 정말이지 억울한 일이 아닐 수 없다.

원래, 그런 것은 거의 없어서 원래, 라는 말을 좋아하지 않지만 그럼에도 원래 애들은 버릇이 없다. 어릴 적, 나도 들었고 삼촌도 아버지도 모두 들었다. 요즘 애들 버릇없다는 말. 애들아! 나도 그리 근사한 어른은 못 되어서 면목 없다만 미안하게도 멋있는 어른이 갈수록 없으니 너희들 달리 방법이 없다. 난감한 요즘 애들, 없을 수밖에,

몇 자 끄적이면서도 몹시 그런 생각이 든다.

내가 뭐라고.

11월 6일

잡
문

1998년, 지상 최대의 우주 쇼

IMF 시대였으니 좋지 않은 소식만 많았다. 먼 사람들이 아팠고 가까운 사람들은 더욱 그랬다. 암울한 기운들이 멎지 않고 쉼없이 흐르는 시절이었다. 희망은 오직 미래에 대해서만 아직 오지 않은 것들에 대해서만 조심스럽게 이야기되었다. 어렸으므로 무엇을 다 알았겠는가, 그럼에도 무너진 것들의 잔해와 무너질 것들의 휘청임과 이미 주저앉아 일으켜지지 않던 공터의 허망들이 가까이에 있었다. 여러 번의 겹칠에도 결국 어두운 일은 어려운 색으로만 보이는 것이라고 인력의 무용과 인내의 무해와 가없는 기도가 가리키던 희망의 위해들이 사람을 울게 했다. 아무리 몰라도 분위기마저 모를 리 없었다. 그러니 모두 다 알았다 해도 무방한 계절이었다.

하지만 불가피하게 먼 이야기였다. 우리는 한없이 어렸고 부지런히 철들지 않았다. 객기를 용기로 위장하고 치기를 멋으로 치장하면서 우리는 어울렸고 서로를 안식했다. 열여덟이었다.

내가 막 잠에서 깨었을 때 수업은 이미 끝나 선생은 보이지 않았다. 시끄럽게 떠드는 말속에서 날카롭게 들리던 것이 별, 유성우였는데 서로들 신문을 펼쳐 돌려보느라 소리가 뒤엉켜 난장판이었다. 나도 신문을 얻어 그 기사를 보게 되었다. 많은 것이 바래졌으나 유독 기억나는 것이 몇 있다. 지상 최대의 우주 쇼, 제목 그대로다. 사자자리의 유성우, 수십만에서 수백만의 별들이 한반도로 쏟아지는, 앞으로 다신 없을, 별똥별. 기대와 호기심을 불러일으키는 내용이었고 누구보다 기자 자신이 몹시 신이 나 주체할 수 없는 희열에 쓴 기사 같았다. 말미에는 친절하게 공기가 맑고 어두운 곳, 누워서 보는 것이 좋다, 정도의 별을 잘 볼 수 있는 방법까지 담겨 있었다. 그래서? 뭐, 어쩌라고? 그러곤 잊었다.

누가 먼저 가자고 했는지는 모른다. 그래서 갈 거야, 말 거야? 하며 재촉과 망설임과 번복과 결심들이 서로 엉켜 아까운 점심시간을 낭비하고 있었다. 나는 시큰둥했지만 결국 다들 가는 분위기라 마지못해 간다고 했던 것 같다. 지상 최대의 우주 쇼에 대한 기대는 없었다. 다만, 무엇이 되었건 함께하는 것이 좋은 시절이었다. 가난했으니 멀리 가지도 못했다. 그런 연유로 가장 가까운 바다, 그러니까 인천 월미도는 훌륭한 생각이었다. 공기가 맑은지는 모르겠지만 밤이 되면 바다는 어두우니까, 그 말이 모두를 수긍케 했다.

22시였다. 22시부터 시작되는 우주 쇼. 그 시간이 잊히지 않는다. 그 멀고 크다는 우주가 이 보잘것없는 지구에게 약속된 시간을 내어준다는 게 믿기지 않는다니까. 나의 이런 툴툴거림은 흔한 것이어서 누구도 대꾸하지 않았다. "정해진 시간에 떨어진다는 게 말이나 되냐고?" 초 치지 말라는 듯 "그럼 꺼져!" 나는 꺼지지 않았다. 함께했다.

나름의 계획이 있었지만 이르게 도착한 그곳에서 할 수

있는 건 거의 없었다. 돈이 없었다. 허울좋게는 구경이었지만 배회에 가까웠고 바다 날씨도 제법 차가워서 하는 수 없이 카페에 들어가 시간을 버텨야 했다. 겨울에 다다른 계절이었기에 날은 금방 어두워졌지만 별이 온다는 시간은 지독히도 더디게 왔다. 무료했고 배가 고팠고 잠이 몰려오면서 우리는 지쳐갔다. 그때 차라리 노래방에 가자, 밥값으로 차라리 노래방에 가서 놀자! 차비를 제외한 모든 돈을 모아 우리는 가진 만큼만 노래를 부르면 안 되겠느냐, 부탁을 하기로 했다.

다행히도 주인아주머니의 인심은 후했다. 지불한 돈보다 더 많은 시간 동안 노래를 부를 수 있었던 건, 늦은 시간임에도 우리가 첫 손님이어서? 시설이 노후되어서? 평일이라서? 그보다는 "사장님, 저희가 별을 보러왔는데, 22시에 별이 떨어진다는데, 그때까지 어디 갈 데가 없고, 아까 그 돈도 밥을 굶고 간신히 낸 돈인데 저희는 서울시 마포구……" 이런 서사가 조금 보태진 까닭이 있기도 했다.

덕분에 우리는 적어도 두어 시간을 훌쩍 넘겨 노래를 부를 수 있었던 것 같다. 너무 많은 노래를 불러서인지 몰라도 다른 친구들의 선곡도 내가 부른 노래도 기억엔 없지만 유독 전학생이 부른 Radiohead의 〈Creep〉만은 선명하게 남아 있다.

I wish I was special

You're so fuckin' special

But I'm a creep

I'm a weirdo

What the hell am I doing here?

I don't belong here

그래서 문득 지상 최대의 우주 쇼가 생각날 때면 그래서 그날의 노래가 생각날 때면 "아무도 그날의 신음 소리를 듣지 못했다/모두 병들었는데 아무도 아프지 않았다"는 이성복 선생의 시를 찾아보는 일도 있었다. 시절을 돌아보면 어째서인지 아무도 아프지 않았는데 모두가 병든 것처럼, 우리가 있다. 지금에 와 노래의 가사와 우리의 가사를 겹쳐보면 바스러지기 쉬운 청춘이 분명했다. 꾀병? 세월이 앗아가는 고통들이 있고 엄살이라 부르기엔 입이 떨어지지 않던 비밀 두어 개쯤은 누구에게나 있기 마련이니 함부로 지껄이면 안 되는 시간도 있는 법이다. 하지만 어쩔 수 없이 풋내기들! 나는 피식, 그 시절의 마음 같은 것들이 새삼 떠올라 웃고 만다.

"너 봤어?"
"아니! 너는"
"아직……"

우리는 사유지 주차장에 버려진 폐지를 깔고 누워 추락하는 별을 기다렸다. 기껏해야 자신이 봤다고 믿는 평균 대여섯 개의 유성우를 위해 우리는 변덕스러운 월미도의 날씨를 이겨내야 했다. 바람은 사나워져 덮고 있던 폐지를 걷어차버렸고 밤하늘을 덧없이 흐리게 만드는 입김을 닦아내며 우리는 그곳을 견뎌내고 있었다. 그런 와중에도 자꾸만 봤다고 말하는, 또 떨어졌다며 우와, 우와! 마음에도 없는 감탄을 늘어놓던 녀석의 얼굴이 기억나지 않는다. 서른 개정도 본 것 같다며 녀석은 으스댔지만 우리는 심지어 본인도 잘 알고 있었다. 저마다 세었다는 별의 추락이 기실 봤다고 믿어야 했던 희망이었으니까.

우리에게는 기대했던 마음을 보상하기 위한 거짓이 필요했을지 모른다. 그 거짓으로라도 스스로를 다독여야 했으니까. 결국 별은 중요하지 않게 되었다. 어떤 결심을, 실패를, 낭만을, 그리고 무수한 견딤과 어리석음을 무엇이라도 좋으니 무엇이 되었건 그 시간을 안타까움으로 남기지 않기 위해서는 헛것을 참으로 믿어야 했을 뿐이다. 누구도 손가락을 걸지 않고 무엇도 약속하지 않았지만 꼭 그래야 했다. 그렇게 지상 최대의 우주 쇼는 우리가 만끽한 인생의 축제로 마무리되었다. 그렇지 않다면 모두 슬퍼졌을 테니 별은 기필코 떨어져야 했던 것이다.

지하철 첫차를 타고 우리는 집으로 왔다. '올해 수능에도 어김없이 기습 한파!' 이른 아침부터 몰려든 인파와 감각을 잃어버리게 했던 추위가 납득이 되었다. 이해할 수 있었다. 하지만 지상 최대의 우주 쇼, 다시 없을 별들의 축제가 빛나갔다는 뉴스는 도무지 믿기 어려웠다.

"진짜 없었다고? 내가 본 건 뭔데?"

"거짓말! 죽인다, 진짜!"

　기사를 쓴 그 기자의 이름을 한참 외우고 다니다 뒤늦게 잊었다. 잊은 이름이 아무리 애를 써도 생각나지 않을 때쯤에는 누구보다 그 기자가 지상 최대로 슬프지 않았을까, 하는 더 뒤늦은 생각도 들었던 것 같다. 그리고 무엇보다 몇 안 되는 내 주위의 수험생들이 모두 대학 입시에 떨어졌다. 떨어지라는 건 떨어지지 않고, 떨어지는 것이 많은 해였다.

11월 7일

시

그럼 안 오면 돼요

학교 가는 오빠가 부러워?

연금개혁이 미뤄지면 세대 간 부담 격차가 심화될 것이다

아니, 거기 가면 하고 싶은 걸 못해요

아, 그렇구나 그럼 뭘 하고 싶은데

검찰이 인천공항 마약 수사 중단했다

저는 그림 그리기를 좋아하는데 특히 혼자 그리는 걸 좋

아하니까,

그만 묻고 너도 그만 말하고 어서 삼켜!

엄마, 안 들어가

가자지구 사망자 83%는 민간인

안 돼! 누나! 엄마! 우리는 서로에게 허락을 구하는 중인가,

삼켜낼 게 얼마나 많은데 그러니까 아직은,

각자의 창이 있어 우리는 서로를 보지만

억지로 삼키는 식탁이라니 벌써부터 슬픈 일이다

하양, 파랑, 빨강, 검정, 노랑들이 오늘도 식탁을 구하지
못해서

색색이 난감하지만 그럼에도 하늘은

희끗, 푸릇, 불긋, 거뭇, 노릇노릇 살아 있으니

아침빛으로 배부른 낮인가,

네 눈이 보는 창밖을 나도 바라보지만

이미 빼곡한 세상이어서

나의 어린 조카는 절망에 이르렀나, 말없이

꿈뻑이는 두 눈에도 창밖 세상이 닫힐 줄 모른다

때늦은 장마와 가뭄의 단비와 재해와 재회의 차이를

네가 아는 날까지 오래도록 모르면 좋겠지만

비 온다는 엄마의 말에 알아서 창문을 닫는 네가

우리가 망친 색을 다 알아버렸나,

하늘은 삐죽삐죽, 희죽희죽, 거무죽죽, 누르팅팅하는데도

오늘 아침도 너의 낯빛도 때 이르게 닫힌 색이다

백지 하나를 창밖에 걸어두고 길고 길 장마를 기다릴까?

비 젖은 그림이 내려 땅빛이 되고 물빛이 되어

다시 또 하늘빛으로 내리게

뚝, 그만 그치라 해도 울어버리게

장마처럼 그렇게

학교에 간 오빠는 비 맞고 오겠다?

그럼 안 오면 돼요!

그래도 될까?

잡
문

녹두와 나비

키우던 녹두를 부모님께 맡기고 독립한 지 오래되었다. 녹두는 분양 시기에 몸이 좋지 않아 때를 놓치고 어른 시바들과 함께 커가는 중에 나를 만났다. "지금은 건강하지만 아주 작은 편은 아니어서……" 말끝을 흐리는 사장은 녹두의 발톱을 깎으며 "오시는 분들 대부분이 어릴 때 데려가고 싶어하시니까……" 사장은 떨어진 발톱을 손으로 쓸어모으며 다른 손에 담긴 녹두를 어르고 있었다.

나 역시 그 대부분의 사람들과 같은 생각으로 그곳에 갔던 차라 사장의 말을 대수롭지 않게 흘려들었는데 어느새 바닥에 내려진 녀석이 나를 핥고 입맞추고 바짓단을 물며 괴롭히는 것이었다. "형, 얘가 좋은가봐!" 동행한 동생이 말하는 것을 "원래 낯을 많이 가리는 녀석인데……" 하며 습관적으로 말을 못 맺는 사장이 거들었다. 나도 낯을 좀 가리는데……

　눈에 밟히는 건, 어쨌든 도리 없는 것이다. 마음에 없는 것이 눈에 들어올 리 없으니 결국 그와 나는 가족이 되었다. 그리고 녹두, 라는 이름을 허락 없이 지어준 것이다.

　나의 이름이 나의 의사와 무관했듯 그의 이름 역시도 그러했을 뿐이나 내 이름의 역사처럼 어쩌자고 고스란히 물려준 것이 때때로 듣게 되는 유치한 삼계탕이나 빈대떡 얘기들이어서 나는 나대로 녀석은 녀석대로 아플 것이다. 어릴 적 그렇게나 이름을 바꿔달라 울고불고 난리를 칠 때마다 단호했던 엄마는 내가 갓 서른을 넘긴 어느 날 불쑥 "이름이 아주 별로래, 너 지금이라도 바꿀래?" 했다. 난 단번에 알았다. 그 용하다는 무당이 바뀌었구나. 이번엔 진짜를 만난 것 같아 조금은 다행이라는 생각도 들었지만 늦었어! 졸업 앨범 찍기 전에 말해주지, 그리 큰 사람은 될 것 같지는 않으니 나는 됐다고 했다.

엄마의 권유가 있기 몇 해 전, 할아버지 장례 때에는 처음 본 작은할아버지에게서 "네가 병량이냐? 미안하다"는 담백한 사과를 받았다. 할머니 생전에 애 이름을 개떡같이 지었다고, 여러 번이나 혼이 나셨다고 하니 외려 난감한 것은 나였다. 유년의 내가 울고 있는 게 보였다. 호방했던 할머니가, 엄마의 무당과 잘생긴 작은할아버지까지 내 이름을 바라보던 얼굴들이 마음에 여럿 담기던 날은 이제 할아버지의 기일이 되었다.

새벽이면 녹두와 나 둘뿐인 밤이 있다. 녀석은 내 발밑에서 몸을 만 채로 또랑또랑한 눈을 깜빡이고 나는 녀석이 바라보는 곳이 별것 없는 시시한 것이어서 녹두야, 부른 뒤 뭐 하냐 묻는 일도 있다. 그때 무심히 그리곤 찬찬히 내게 돌리는 시선과 그 고요한 눈동자를 볼 때면 나는 녀석의 조상들이 자연의 밤에 멍하니 바라봤을 달이나 먼 숲의 뒤척거림과 바람의 발자국 같은 야생의 검고 진한 고독을 녀석의 몸에 코를 묻고 맡아보기도 한다. 그러곤 녹두야, 다시 불러도 애먼 곳을 한참 바라볼 뿐 대꾸하지 않는다. 그 무심함 속에

내 발끝에 매달린 고독은 따뜻한 것이어서 나는 좋아진다. 함께, 라는 말이.

　지금은 적시바에 가깝지만 어린 시절 모색이 다양해서 명암에 따라 녹두의 표정도 활력도 심지어 감정까지 달리 보이던 때가 있었다. 그 자유스러움이 좋았던 터에 잡곡밥을 먹던 것도 아니었는데 별안간 '녹두'가 생각난 건, 단순한 우연이었다. 건강한 녹두, 날빛에 따라 모든 색을 갖고 살았으면 해서 녀석의 이름을 그리 쉽게 지었다.

　키우는 동물은 주인을 닮는다고들 하지만 애초에 어울림이란 서로 닮은 것들이 만나는 것이어서 같거나 다른 것 모두가 이미 닿아 있는 상태로 우리는 만났으리라. 때문에 주인이란 것은 주제가 넘어 나와 녀석은 형, 동생 하기로 했다. 다만, 녀석이 살아야 하는 세계가 부득이 인간의 사회이니 공적으로는 보호자라 칭하지만 엄밀히 말해 나의 공적 역할은 녀석이 사회 구성원이 되기 위한, 그 역할을 유지하기 위한 안내자에 불과하고 그 이상이 되어서는 안 된다고 생각한다.

물론 우리는 많이 닮았다. 사람이 많은 곳보다는 한적한 곳에서 산책하길 즐기고 필요할 때만 엄마를 부르듯 녀석도 그렇다. 한번은 아버지 전화를 받았는데 나를 닮아서 녹두 편식이 심하고 사료를 안 먹어도 너무 안 먹는다는 것이었다. 아버지, 이 더위에는 사람도 입맛 없어요, 라며 퉁명스럽게 통화를 끊고는 며칠 뒤, "편식이네요" 의사 선생님 말씀을 아버지께 전해 듣고는 "제가 가리는 게 어디 있어요? 아, 그건 알레르기고……" 그렇게 내가 녹두를 닮아가기도 한다.

　녹두와 함께하면서 잊고 있던 '나비' 생각이 날 때가 있다. 아버지의 쌀가게에서 키우던 고양이 나비는 운이 좋게도 큰 병 없이 칠팔 년을 살았던 것 같다. 당시에 고양이를 키우는 건 흔치 않았는데 솔직히 마음보다는 필요에 의한 것이어서 목줄을 걸어 키우는 사육에 가까웠다. 사람이 먹고 남은 밥이 사료가 되었고 예방접종이 없으니 잔병에도 쉽게 죽던 시절이었다. 지금 생각하면 모두가 서툴고 그래서 잔인한 것이었지만 당시에는 모르는 게 많았고 더더욱 알

필요가 없던 시절이었으니 그때의 나비를 생각하면 마음이 참 어렵다. 특히 주위의 고양이를 키우는 지인들의 수준 높은 보살핌이나 애정을 볼 때면 더욱 그렇다. 나비의 이름 역시도 그러한데 야옹이, 나비처럼 고양이라면 꼭 그렇게 불리던 시절이었다 해도 지금에 와 그 이름이 어른거릴 때마다 꽃다운 이름이기보다는 멸칭이나 버려짐처럼 느껴져서 나를 괴롭힐 때도 있다.

해마다 한두 번은 나비가 발정이 나 밤낮없이 사납게 울 때면 아버지가 목줄을 풀어주고는 했었다. 가버린 나비, 탈곡기만 요란한 쌀가게에서 나비의 부재에 애타는 건 나 하나라는 것이 흡사 병에 가까운 듯도 해서 아무에게도 묻지 못하고 애타던 날들이 있었다. 길에 사는 고양이들이 넘쳐나던 때여서 돌아오지 않으면 그렇게 도둑고양이가 되는 것이었으니 못 본다는 건, 어쩌면 어린 내게 의지와 무관한 도둑맞음이었을 것이다. 보름이고 한 달이고 그렇게 고양이들은 잊혀지거나 돌아왔다. 다행히 나비는 잊혀질 때쯤 돌아와 여러 마리의 새끼를 낳았다. 가게를 드나드는 사람들이 종이상자에 담긴 새끼들을 어르려 할 때면 나비에게 할큄을 당하기 일쑤였는데 유독 내게는 그러질 않아 우리 친구지, 친구 맞지? 했던 것 같다. 부른 배에 매달린 어린 새끼들이 앞다퉈 젖을 빨고 찾는 와중에도 내 손을 핥던 그 까슬하고 몰랑한 나비의 혀가 여전히 붉다. 괜찮아, 너는 괜찮아, 나비가 그랬다. 너 나 좋아? 그럼 나도 너 좋아! 꼭 그렇게 말했다.

중학교 3학년 때의 일이다. 어떤 녀석이 교실 건물 삼층에서 아이들이 몰려 있던 외부 매점으로 고양이를 던져버린 일이 있었다. 동급생이었던 동네 양아치가 있었는데 노는 축에 들고 싶어 종종 재미없고 돼먹지 못한 일을 벌이던 바로 그 고약한 녀석이었다. 몽글몽글 솟아나던 피와 뭉그러진 머리와 경직된 꼬리. 고양이는 말없이, 고양이는 말없이 있는데 높은 곳에서 녀석은 웃고 있었다. 고함을 치며 모두가 나무랐지만 그는 정신없이 웃고는 창문을 크게 닫고 사라졌었다.

몇 달 후, 매점 구석에서 담배를 피우던 녀석에게 나는 눈빛이 맘에 들지 않는다며 날라차기를 했다. "우리 삼촌 경찰이야!" 녀석은 악을 질렀지만 나는 일방적으로 그를 때렸다. 배짱도 없으면서, 실력도 없으면서, 뭐가 부끄러웠는지 왜 고양이를 죽였냐는 말은 하지 못했다. 알고 있었다. 살아 있는 걸 함부로 대하는 인간이 좋은 인간일 리 없다는 걸. 하지만 나 역시도 그 시절에는 잠자리의 날개를 쉽게 찢지 않았던가, 생각하면 남겨진 다리로 걸어가던 잠자리는 어디로 갔을까, 끔찍한 사실들이 마음을 짓이기고는 한다.

지금은 떨어져 사는 녹두를 찾아가 놀아줄 때마다 헤어짐이 두렵다. 반가워 몸을 주체 못했던 녀석이 갈게, 라는 말에도 미동 없이 눈만 끔뻑끔뻑한다. 발길이 떨어지지 않는다는 말, 아이를 키우는 친구들이 가끔 하던 그 말이 생각나 돌아오는 내내 나는 내게 말도 걸지 않는다.

녹두는 여섯 살. 출근길 신호에서 항상 보이는 '녹두세무' 간판 때문이라도 매일매일 녹두가 생각나서 아! 어쩌냐, 하면서 나는 돈 벌러 가고 녹두는 잠자고 눈뜨고 산책을 나간다. 밥때마다 "저거, 형 닮아서 또 저런다"를 듣고 나는 나대로 녹두를 닮아져서 안 먹어지는 음식만 늘어 걱정이지만 그럼에도 우리 둘은 곁이라도 있으니 다행이란 생각 끝에 한참을 보지 못한 나비의 목줄이 눈에 밟힌다. 나는 가만히 나비 눈앞에 내려앉아 감긴 목줄을 풀고선 그 가는 목을 오래도록 쓸어주고 싶다. 이제라도 괜찮다면, 지금이라도 날아가라고 말해주고 싶다. 작고 소중한 너를 한없이 쓸어내려주고 싶은 마음, 사랑이 아니라면 어느 별에서나 볼까.

11월 9일

잡
문

선생들

기억력이 좋은 편이기도 하지만 지금도 생활반경 안에는 내가 크며 다녔던 모교 네 곳이 있어 학창시절을 잊지 않고 자주 회상하게 된다. 국민학교는 초등학교가 되었고 공작을 키우던 사육장 자리에는 급식실이 세워졌다. 전교생을 월요일 아침마다 불러모아 줄을 세우고 일장 연설을 하던 교장선생의 구령대는 보이지 않고 그 드넓었던 운동장이 왠지 초라할 정도로 작아 내심 속상해질 때도 있다. 그때 저 작은 곳에 1반에서 9반까지 1학년부터 6학년까지 오와 열을 맞춰 서 있어야 했던 그 시절의 행사. 지금에 와 전체주의의 부산물이라는 것을 알지만 당시에는 지극히 자연스러운 폭력이었다.

줄에서 이탈한 아이, 떠든 아이와 자세가 바르지 못한 아이들은 불려나가 즉결심판으로 손을 들거나 자세를 바르게 하자, 와 같은 복창을 해야 했다. 운좋게 다중 앞에서 그 체벌을 면했어도 반장이나 부반장의 명단에 적혀 당일 담임 선생에게 혼나는 일은 피할 수 없었다. 그 시절의 나는 매번 신발로 운동장의 모래를 긁어모으고는 다시 평탄화한다. 노란 체육복과 흰 운동화, 덩굴식물과 소각장에서 불어오는 매캐한 냄새 그리고 뜨거운, 머리 위로 내리는 볕이 항상 버겁고 무거웠다. 자세가 꾸부정해서 또는 발끝으로 모래를 긁어모아서 나는 자주 불려나갔던 것 같다. 교장선생의 육성과 육성보다 늦게 들려오는 쩌렁쩌렁한 스피커 소리가 정신을 미치도록 사납게 했었다. 지금도 그 기억에 젖을 때면 몸이 뒤틀리곤 한다.

내게 운동장에 떨어진 쓰레기를 열 개 주워와 검사 맡으라던 교장의 이름을 놀랍게도 기억하고 있다. 그 쓰레기 중 하나가 아폴로라는 불량식품의 비닐이었다는 것 역시도. 기억은 놀랍도록 선명하다. 검사에 합격한 후, 터덜터덜 돌아가던 서늘하고 어둡던 복도와 이층 화장실 앞에 있던 4학년 9반 교실의 크고도 무겁던 검붉은 나무 뒷문, 그 문을 힘겹게 열고 들어가는 작디작은 내가 보인다. 무엇이라도 좋으니 도와주고 싶다.

같은 재단의 남자 중고등학교를 다녔기에 같은 운동장과 같은 건물을 쓰며 육 년을 보냈다. 양호 선생님은 동일했고 중학교나 고등학교나 출석을 불러도 늘 없는 학생은 아이스하키를 하는 친구들이었다. 녀석들의 운동에 대한 열정과 성실한 목적의식 덕분에 많은 선생이 체벌용 도구를 찾는 수고를 덜 수 있었다. 그 좋은 환경에도 불구하고 단련된 신체를 사용하던 선생도 몇 있었지만 아이스하키 채는 학생들의 지도와 편달에 아주 훌륭한 도구임이 분명했다.

어느 날 담임은 교무실 뒤 공터로 우리들을 불러내어 엎드려뻗쳐를 시켰다. 죄를 다 알고 있으니 몇 대 맞겠다고 말하면 그대로 때려주겠다는 것이다. 한참을 엎드린 채 누구도 입을 열지 않으니 자신과 가까운 쪽부터 선생은 채를 휘둘렀다. 두 대와 세 대 그리고 다음이 나였다. 내가 맞은 수는 세지 못했다. 세다 지치고 때리다 지쳐서 체벌은 그렇게 끝이 났다.

  엉덩이와 허벅지는 부어올랐고 맞은 자리에 피가 터졌
다. 다음날에는 급기야 멍이 크게 번져 의자에 앉기도 힘들
었다. 엄마가 선생님을 만나고 왔던데, 너도! 두 친구가 내
게 너는?이라고 묻던 그 여름날 나는 가방을 두고 천천히
학교를 나와 배회했다. 어디든 가려 했는데 도무지 가고 싶
은 곳이 없었다. 그런 일의 반복을 일 년 내내 견뎌야 했다.
선생이 나의 부모와 바라던 면담의 목적을 모를 리 없어서
나는 오기로 버텼다. 그사이 점심시간에 껌을 씹는다는 이
유로 다짜고짜 따귀를 맞았던 친구도 끝내 어머니와 담임
의 면담 후, 선생에게 사과를 받을 수 있었다. 어머니, 담배
를 태우는 아이들 대부분이 점심시간에 껌을 씹어서……
그 치졸했던 궁극의 명언은 오래도록 회자되었다. 선생은
건강했고 우리의 불신도 그랬다. 도무지 나빠지지 않았다.

  훗날 대통령이 된 장군과 함께 목숨을 걸고 다리를 건넜
다는 문교부장관 출신의 작고한 이사장 덕분에 내가 입학
하기 십수 년 전의 학교는 한때 명문이었다고 한다. 하지만

그건 향수에 불과해서 적어도 내 시절의 학교는 이미 몰락한 명망을 그리워할 뿐, 무엇도 명문이 아니었다. 옛것 그대로인 것은 뿌리 깊게 박힌 권위, 그뿐이어서 놀랍도록 부조리했다. 그렇대도 모두 다 그런 것은 아니었다. 아주 가끔은 고개가 절로 숙여지는 선생도 있었다.

한번은 이랬다. 수업 시간에 앞문을 덜컥 열고는 담임은 내게 나오라 손짓했다. 그리곤 다짜고짜 뺨을 후려치는 것이다. 지난 수업 때 어디를 갔었냐며 나를 나무랐다. 나는 고개 숙인 채 아무 말 하지 않았다. 그때 내 어깨를 툭 치며 자리로 돌아가라 고갯짓을 하던 선생의 성함은 정성용이다. 한문을 가르치던 독수리란 별명을 가진 과묵하고 매사 차가운 말투의 선생은 "지난 시간에 병량이 자리에 앉아 있는 거 제가 지나가다 봤습니다. 그리고 제 수업 시간에 이러시는 거 실롑니다". 사실, 담임의 말이 맞고 선생의 말은 틀린 것이었다. 하지만 어떤 이유에선지 한문 선생은 나를 구제해주셨다. 지금도 모를 일이지만 적어도 그후, 그분 앞에서는 최대한 반듯하고 싶었다. 마냥 철없던 시절에도 도리가 있다는 것쯤을 알았으니까. 당시에 난 상황을 모면했다는 안도감보다 사실 울컥했었다. 상상조차 못 했던 선생으로부터의 가르침이란 걸, 기대조차 없었던 낯부끄러운 관심이란 걸 느껴봤기 때문이었을까, 모르겠다.

"너 딴 놈이 대학에 갈 건 아니잖아?" 담임의 비아냥은 흔한 것이어서 예, 라고 나는 답했다. 그렇게 나는 고등학교의 마지막 일 년을 자의 반, 타의 반으로 요리학원에서 보내게 되었다. 전기, 토목, 자동차 등에서 유일하게 내가 선택한 것이었는데 지금도 그런 과정이 있는지는 알 수 없지만 인문계 고등학교 직업화 과정, 그런 프로그램이었던 것 같다. 흥미가 있을 리 없었다. 성실한 생활과 모범적 학습 태도와도 거리가 멀었다. 다 컸다고 믿는 시시껄렁한 또래의 비슷한 아이들이 모여 있으니 통제가 되지 않아 학원 선생님들은 자주 울기도 했다. 특히 담임선생이 그랬다. 욕지거리와 체벌이 없는 교실은 생경한 것이어서 그때마다 우리는 어쩔 줄 몰라했었다. "선생님, 울지 마세요……" 굵고 선량한 목소리들은 진심이었지만 그리 오래가지 않았다. 하지만 '선생님이 울었다'는 사실은 아주 커다란 사건이어서 그 이후, 돼먹지 못한 사고나 주목할 만한 소동은 일어나지 않았던 것 같다. 모두가 알았다. 선생의 눈물이 진심이란 걸 하지만 마음처럼 쉽지 않은 시절이었다. 나 역시 그랬다.

"너는 천재야" 학원의 총무 선생은 원장 다음의 높은 사람이었는데 실기시험을 한 번에 붙었다는 이유만으로 내게 과도한 관심을 주셨다. 나보다 먼저 필기시험에 붙고 실기를 보았던 동급생들의 합격이 저조한 상황에서였다. 결석과 무단조퇴가 잦은 나를 항상 친근하게 대해주서서 그때마다 난처했다. 혼나야 하는데 요새 어떻게 지내냐고 물으면 난감해지고 잘하는 게 없는데 "맘만 먹음 다 잘해"라고 말해주어서 내가? 어째서? 이런 혼란한 생각에 머리끝까지 땀이 나곤 했다. 요리대학을 가라고 너는 천재라고, 대학 입학과 입시에 관해서 끝까지 챙겨주셨는데 마음만 쉬이 받고 빈 그릇도 채 돌려드리지 못했다. 가끔 신촌을 지나갈 때면 그 요리학원이 있던 건물을 본다. 이름이 바뀐 간판이어도 꼭 보게 된다. 선생님, 주제넘게 많은 사랑을 받았습니다. 참 감사했습니다. 속삭이다 울컥하는 때도 있다.

어느 날은 고등학교 때 중국어 선생을 멀리서 알아보는

날도 있다. 노란 셔츠를 즐겨 입었는데 입지 않으면 아내한 테 밥을 못 얻어먹는다며, 부끄럽게 웃던 애처가였다. 군 전역 후, 수능을 다시 보기 위해 모교에 가 도장을 받아야 했던 그곳에서 그를 만났었다. "네가 여긴 왜?" 이 말에는 생략이나 중략된 것들이 많겠지만 나는 "그냥요" 하고 말았었다.

그리고 근엄했던 국어 선생을 보는 날도 있다. "너는 핏자를 먹어라, 나는 핏자를 먹을게. 말이 안 되지?" 아마도 비문에 관한 문법 시간이었던 것 같은데 그를 보면 피자보다는 '핏자'가 먼저 떠올라서 졸업 후에도 한동안은 피자를 먹을 때마다 친구들끼리 "말이 안 되지?" 하며 깔깔댔던 기억도 있다.

이런 일화도 있다. 일하고 있던 매장의 작은 사건으로 경찰서를 찾은 친구에게 맞은편에 앉아 피를 흘리던 젊은 취객이 다짜고짜 "저 새끼야, 저 새끼가 나를 이렇게 만들어 놨어"라며 고함을 질렀다. 마침 도착한 취객의 보호자가 친구에게로 와 "당신이야? 당신이 그랬어?" 하는 순간, 친구는 벌떡 일어나 인사를 했고 국어 선생은 인사 대신 정말 네가 맞냐며, 아니라는 친구에게 거듭 정말 아니냐고 되물었다. 그 와중에도 선생의 아들은 친구를 지목하며 선생에게 혼내달라고 떼를 쓰고 선생의 아들을 인계해온 경찰이 자초지종을 설명한 후에야 의심은 해소되었다고 한다. 미안하다는 말 한마디 없이 "이건, 학교에서 비밀이다!" 약속만 강요했던 선생이 언젠가 수업 시간에 군에 입대한 아들을 면회 갔을 때 "아빠, 핏자! 핏자!" 하며 편식을 하더라는 말, 그 사건은 우리가 졸업한 이듬해의 일이어서 씁쓸한 것이지만 국어 선생이 걸어가는 그 길에는 오래된 피자가게가 있고 나는 그에게 인사할 마음이 오래전부터 없어 옛일에서 웃을 일만 남기고 만다.

군이 대학에 와 처음으로 마음에 둔 교육을 받았던 것도 오래전 일이다. 일반교양으로 들었던 정치외교학과 수업에서 교수는 민주주의를 신봉한다면서도 매번 독재를 비호하고는 했다. 어느 날은 도저히 못 참겠어서 반론을 제기하자 당황했던 그가 그런 좋은 질문은 자주 해도 좋겠어요, 라며 옅은 미소를 띠며 호기로운 척했으나 후에 과제 하나를 미제출했던 학우보다 내 학점이 낮다는 사실에 '니들이 항상 그렇지 뭐' 하고 말았었다.

　나는 정외과 수업을 고작 두 개 들었고 전공은 그 이름도 찬란한 문학이었지만 위대보다는 비루를 거룩보다는 바닥을 권위보다는 권력을 자주 목도하면서 너는 핏자를 먹어라, 나는 핏자를 먹을게. 참 말이 안 되는 그 말을 자주 떠올려보기도 했더랬다.

　선생과 선생님. 교수와 은사 그리고 스승과 사부까지 이 명칭의 구분과 쓰임을 나는 잘 모르겠다. 함부로 님, 을 붙이려니 주기 아까운 사람들이 많았던 경험 탓이다. 가르치는 일은 가리키는 일이라는 생각이 있어 나는 교육이나 선생이란 이름 앞에 감히 나를 두지 못한다. 함부로 하면 안 되는 일이 있다면 누군가의 선생이 되는 일이라 굳게 믿고 있을뿐더러 내 소양과 됨됨이를 누구보다 잘 알기 때문이다. 자신을 다듬지 않고 스스로를 다스리지 못하는 사람들의 교육은 살인에 가깝다. 미필적 고의가 내게는 흔했다. 때문에 어떤 이유나 일로써 내가 선생도 아닌 '선생님'의 호칭을 들어야 할 때면 지은 죄 없이도 세상에 송구해진다.

그런 세월이었으나 운이 좋게도 감사한 선생님들이 여럿이나 된다. 그중 한 분이 그랬다. "얘, 나 바쁘다. 혼자서 하는 거다. 알았니?" 수련에 열중한 제자를 두고 스승이 떠나거나, 아니라면 제자를 떠나는 보내는 일. 하산이다. 그처럼 선한 고독을 내려줄 수 있는 사람이 있다. 세계를 오롯이 바라보게 만드는 힘을 아스라이 전해주던 사람의 뒤에 '님'을 올려 선생님이라 부르고 싶다. 사랑만큼 아끼고 싶은 사람들에게 나눠주고 싶은 이름이니 아무에게나 선뜻 내줄 수 없는 것이다.

11월 10일

잡
문

손님들

1

대여섯 살쯤 되어 보이는 사내아이와 그보다 한두 살 어려 보이는 딸아이를 둔 부부가 있다. 꼭 주말 오픈 직후에 와 점심을 먹는다. 부부는 말수가 적으나 배려가 있고 아이 둘은 낯을 가린다. 큰애는 편식이 조금 있고 딸 아이는 입이 짧아 가게에 미역국이 없는 날에는 둘 다 밥을 먹여주는 부부를 곤욕스럽게 해서 나를 미안하게 한다. 우리 애가 미역국 먹으러 가자고 해서 왔어요, 아이가 우리 가게 미역국을 좋아한다며 내게 감사하다는 것이다. 가게는 월마다 기본 국을 바꿔 판매를 한다. 그래서 미역국으로 바뀐 달이면 미역국을 좋아한다는 아이들 생각이 가끔 난다.

이제 좀 멀리 이사 가서 자주 못 올 것 같다고 여자는 말하면서 연애 때부터 왔는데 오래 있어줘서 또 감사하다고 한다. 아니 그건 내가 할 말인데도…… 여자는 거듭 표정으로, 과장되지 않은 몸짓으로 그리고 담백한 말로 내게 감사를 전한다. 고마워서 송구하고 재주에 비해 과한 사랑이어서 면구했다.

미역국을 두 달째 판매하고 있는데 다음달도 끓여야 하나, 그런 생각에 기다려지는 사람이 있다. 그가 입안 가득 오물거리는 것이 배부른 일이어서 할머니는 자꾸만 가득한 숟가락을 내 입안에 밀어넣었나 싶다. 빵빵한 입안에 추억마저 담기면 음식은 더욱 애틋하고 그럴 때 식구란 말을 입에서 웅얼거리면 사위가 다 따뜻해진다. 같은 공간에서 밥을 먹는 일, 나누는 일, 추억을 말아 입에 삼키는 일들이 식구를 만든다. 그래서 식구란 말이 참 좋다.

흔히들 식사 한번 하자는 말을 한다. 뻔한 것 같지만 고작 그 식사 한번이 상대의 역사를 가늠케 하기도 한다. 가령 그의 서투른 젓가락질에서 시작된 이야기가 어린 시절의 일화로 또는 가족 모두의 형편없는 젓가락질이라는 고백으로 이어질지도 모른다. 과일의 씨를 삼키거나 뱉어내는 음식과 관련한 가풍에서부터 그가 즐기거나 꺼리는 음식을 통해 알게 되는 그의 건강과 그에 따른 생활까지 엿볼 수도 있다. 사소한 과거의 상처나 음식에 얽힌 추억, 밥을 씹고 삼키는 속도에서 성격이나 근황을 알게 될지도 모른다. 그런 주제들로 대화를 나누는 남녀들을 가게에서도 흔히 볼 수 있다. 그 서툴렀던 마음 둘이 모여 종내에 결혼에 이르고 그들의 아이와 함께 여전히 가게에 들러 잘 먹었다며, 꾸준하셔서 고맙다는 말을 전해주기도 한다. 참으로 고맙고 반가운 식구가 아닐 수 없다.

2

어릴 적 홍대는 번화한 신촌에 비하면 번잡하지 않은 매우 초라한 동네였다. 고등학교 졸업 후에 나는 친구와 함께 지금은 없어진 먹자골목의 어느 주점에서 일하고 있었다. 실내에서 담배를 피우던 시절의 술 문화는 매우 거칠어서 주말이면 꼭 한번은 경찰이 출동하거나 매번 사정은 알 수 없으나 테이블을 엎는 상황도 심심치 않게 볼 수 있었다. 술에 취하면 자신들이 먹던 주물 냄비에 재를 털고 눈이 마주 쳤다는 이유로도 재떨이가 날아가던 야생의 주점에서 나는 일했다. 당시 나이 어린 종업원에게 하대는 흔한 일이어서 크게 기분 나쁠 일도 아니었는데 특히, 군대 전역 후의 복학 생이나 후배들과 함께 온 나와 나이 차이가 거의 나지 않는 그들의 선배들이 그랬다.

나는 야, 너, 거기로 불렸는데 그중, 알탕누나가 있었다. 언제나 한결같이 "알탕에 소주 하나"로 주문은 간결했고 군 더더기 없는 말, 미소 없는 얼굴, 배려 없는 말투가 그의 주 된 인상이었다. 그러던 어느 날이었다. "잡탕에 소주 하나." 난 되물었다. "잡탕이요?" 그는 어, 단조롭게 말하고 내가 다 시 "알탕이 아니고요?" 묻자, "잡탕" 하고 짧고 단호한 어조 로 답했다. 그는 다시 "잡탕 맞다고" 나를 채근했다.

당연히 잡탕이 아니었다. 그는 젓가락으로 꽂게 다리를 들어올리더니 "다리가 있는데?" 하고는 더는 말하지 않았 다. 할말이야 많지만 사과를 했고 그가 원하는 알탕을 다시 가져다주며 사건은 탈 없이 일단락됐다. 그날 이후, 잡탕누

나는 알탕보다는 다른 메뉴를 주문하는 일이 많았지만 언제나처럼 말은 짧고 배려는 없었다. 이유는 알 수 없지만 고니알찜을 먹거나 알이 들어간 음식을 볼 때면 그 누나 생각이 난다. 알탕과 잡탕이 혼재한 그 누나의 별명이 알을 먹을 때마다 생각나 흔히들 알 깐다는 말의 놀랍고도 신묘한 힘에 무력해질 때가 있다. 선뜻 반가운 기억이 아님에도 그렇다.

3

한 사람이 세 번이나 컵을 떨어뜨린 적이 있었다. 떨어질 때마다 미안해했다. 그 미안함이 내 눈에도 훤히 보여서 화를 억누를 수 있었는지 모른다. 유리 파편이 튀었을 주위 테이블에도 미안함을 표하던 그는 자신의 실수에 대한 미안함을 알고 그것을 표현할 용기까지 있는 사려 깊은 사람이어서 고마웠다. 변상을 하고 싶다는 그의 말에 나는 괜찮다며 뒤늦게 다친 데는 없으시냐 물었던 것 같다. 늦은 안부여서 외려 미안했다.

같은 테이블 사람들이 번갈아 젓가락을 세 번 떨어뜨린 적이 있다. 나는 습관적으로 들고 반응한다. 숟가락은 둔

탁하고 젓가락은 날카롭다. 소리를 듣고 그 소리의 시작점을 향해 젓가락을 갖고 몸을 움직인다. 세번째가 문제였다. "됐어, 줍지 마! 알아서 줍겠지 뭐." 그 소리는 젓가락보다 크게 떨어지고 날카로웠다. 그때 내 표정이 굳지 않았다면 아마 큰 병이 걸렸을 게 뻔할 정도로 나는 수치스러웠다. 끝까지 친절할 수 없는 일도 있다. 나는 그들보다는 좀더 사려 깊게 그러나 굳이 상냥하지 않게, 그들이 다시 방문하지 않았으면 하는 바람에서 불친절과 친절의 경계를 교묘히 유지한다. 서비스하는 놈이 배부르게 손님을 가리냐, 말할 수도 있을 것이다. 하지만 식구의 자격은 그 식탁의 품격을 지키는 자들의 것이니 내게는 살뜰하고 선량한 식구들의 공간을 지킬 무한한 책무가 무엇보다 우선한다.

4

주점에서 일할 때, 바바리 사내가 있었다. 일하는 동안 딱 한 번 들렀던 손님이었는데 정말이지 기억에서 지우기 힘들다. 여름의 어느 평일 저녁이었고 장마철이었다. 영업 시작 후, 얼마 되지 않아 비에 젖은 차림에도 차분히 걸어들어온 첫 손님이었다. 그의 손에는 우산이 있었는데 바르게 묶어진 것이 부러 비를 피하지 않은 게 분명해 보였다. 둘입니다, 목소리는 아주 멋있었다. 무겁고 중후했으며 게다가 정중했다.

창가로 안내한 후, 얼마 지나지 않아 그는 삼치구이와 소주 한 병을 주문했다. 일행이 오면 주문해도 된다고 했지만 그는 가벼이 미소를 지었다. 소주잔 하나는 반대편에 두고 잔을 따르고 자신의 잔을 채운 후, 창밖을 응시하며 그는 마시기 시작했다. 원샷이다. 하지만 잔에 입을 맞추고 술을 털어내는 시간은 순간의 일이 아니었다. 모든 사위가 차분했다. 지독히 버겁고 괴로운 것들이 주마등처럼 흐르는 듯해서 친구와 나는 그가 바라보는 창문을 그리고 그 창밖의 거리를 번갈아 살펴보기도 했다. 결심이 필요했을까? 아니라면 영영 몰라도 될 일을 알게 된 걸까? 아니라면…… 그는 위태로워 보였지만 침착했다. 고독한 자세였지만 흔들리지도 않았다. 고요해서 불안했고 그 불안을 억누르는 절제된 표정과 몸짓에 기막힌 낭만이 녹아 있었다.

삼치구이가 나오고 소주를 하나 더 주문한 그는 상대의

잔을 비우지도 첨잔하지도 않는다. 천천히 그리고 아주 부드럽게 그렇게 고요하게, 비처럼 그는 젖어가는 중일까? 나도 저 나이가 되면 저런 멋으로 뜻 모를 무게를 견뎌낼 수 있을까? 근사한 것 같아, 멋있어! 나와 친구는 같은 감정을 공유하며 그가 바라보는 시선과 그 깊이를 궁금해했다.

분위기는 오래가지 못했다. 손님들이 들어오고 또 테이블이 채워지고 소리가 섞이고 모든 것이 번잡해지면서 아쉽게도 우리의 시선에서 그는 벗어나버렸다. 그리고 어느새 사라졌다. 친구와 나는 그가 앉았던 테이블을 치우려다 순간 얼어붙었다. 무의 상태, 순백의 상태여서 우리는 서로 놀랐다. 삼치의 뼈는 희고 번들거렸다. 뼈 이외에 아무것도 그릇에 놓여 있지 않아 남은 것이라고는 상대방에게 채워주었던 술 한잔 그게 다였다. "설마, 그 와중에, 설마?" "폼이란 폼은 다 잡고서 이렇게 먹었다고?"우리의 환상이었을까? 그래도 살아야겠다고 우걱우걱 삼켜야 했던 것일까? 알 수 없는 일이지만 삼치구이를 먹을 때면 생각나는 사내가 있다. 비 오는 날 바바리코트를 입은 사내를 봐도 그렇다.

5

내 머릿속에 그리고 마음에 때때로 몸에 남겨진 흉터에
도 담겨 있다. 남겨진 것도 있고 증발했거나 자연 소멸한 것
들 그리고 부러 버린 것도 더러는 있을 것이다. 이유는 각기
달랐을 것이지만 모두 내게 왔고 모두 다녀간 것들이다. 이
것들이 죄다 손님이라는 생각이 든다. 내 몸도 그리고 나의
마음 역시도 나라고 생각하는 그 생각조차 손이 들어와 헤
집은 것 같다. 버선발로 나가 "내 강아지, 내 새끼" 할 순 없
겠지만 허튼 것이 없었다. 그것이 추억이 된다.

잡
문

시라는 마음이 있다면 누구라도 좋았던 때

"너는 문창과 같은 데 가면 좋을 것 같아." 군대에서 첫사랑에게 받았던 그 편지 때문이기도 했다. 전역 후에 대학을 다시 가려 했던 것도 그래서 조금 늦게 대학에 입학하고 시를 만나게 된 것도 오로지 당신 덕분이다. 2006년에 시를 쓰기 시작해 2024년 시를 묶어내었으니 햇수로 십구 년, 내가 너를 만난 열아홉이 공교롭게 그 수와 맞아서 적어도 그만큼의 시간이 아니라면 시는 내게 오지 않았을 것 같다.

신은 나를 애틋해하나 사소한 무엇도 내어주지 않는다. 나는 무교이면서 동시에 신을 믿으며 그에게 기도하지 않는다. 기도가 안부의 편지라면 좋겠지만 실상 욕망의 열거와 다름없어서 나는 일찍이 나 자신에 대한 기도를 버렸다.

이번 건 좀 너무한 거 아닙니까, 하는 정도의 길지 않은 투정을 독백할 뿐이다. 내가 신에게 바라는 것이 없어서 우리 관계에는 거래가 없고 신 역시도 내게 준 것이 없어서 우리 관계에는 빚이 없다.

  내가 꽃을 보며 봄, 오월, 백합, 무늬, 날개와 꽃술, 바람과 하늘을 뭉게뭉게 그려볼 때 "나 저 꽃 징그러!" 누군가는 그 꽃을 혐오할 수 있다. 호랑이꽃이었다. 점과 선과 무늬를 이루며 태어난 꽃 앞에서 누군가는 탄생을 저주할 수도 있다. 때문에 저마다의 신이 있다고 믿게 되는 것이다. 내가 침묵함으로써 듣게 되었던, 고개를 숙어야만 보였던, 감각했으나 재현할 수 없었던 그 수많은 기적을 신이 아니라면 누가 감당해내었겠는가, 그래서 신을 믿게 되었는지 모른다.

  그가 내려준 순간의 섬광을 단 하나의 기적처럼 적고자 애쓰는 일이 내게는 시의 일이었고 지금도 그렇다. 내가 경외하는 시가 그런 것이기도 해서 생활을 핑계 삼아 오래전 시와 멀어진 나는 여전히 시의 일을 하며 그 소명을 다하는 선생님들이 있음을 알기에 어디서 함부로라도 시를 씁니다, 라고 말하지 못한다. 그들의 숭고한 희생과 소명 앞에 시에 대한 가난한 나의 애정을 비할 수 없기 때문이다. 그렇게 살면 안 된다.

학부 때 습작했던 것만을 모았다는 자신의 시집을 가져와 아무리 볼품없어도 너희들 낙서보다는 낫다는 투로 말하던 교수가 있었다. 한때 그는 나의 선망이기도 했으나 내가 아는 시는 그런 것이 아니어서 망연히 창밖을 바라보던 날도 있었다. 사랑에 완결이 있었던가요? 비록 업적이 없는 처지이기는 하나 교수님, 시는 그런 게 아닙니다. 거룩했던 교수에게 말하진 못했지만 나는 아주 선명히 깨달을 수 있었다. 사랑의 기술보다는 사랑을 대하는 태도만이 시를 찾아갈 수 있는 최소이자 유일의 조건임을 말이다.

학부 시절에 내가 발표했던 시의 종이에 밑줄을 긋고 촘촘한 글씨로 서툴고 어리숙한 사랑에 대해 같이 고민해주던 선생님이 있었다. 내가 미처 생각지 못한 사랑의 형태와 방식 그리고 마음과 마음 밖의 풍경들을 골똘히 바라보면 그것이 또한 시였다. 애정은 이렇게 발현되는 것이고 업적은 이렇게 쌓이는 것이구나. 천착과 심연 그리고 부지런한 고독을 선생에게 배워 이만큼이라도 오게 된 나의 시는 여전히 시로 슬프고 설렌다는 선생의 말씀 앞에 무너지고 만다. 너무도 괴롭고 갈수록 어렵다면서도 오래도록 시에게 말을 거는 선생님은 여전히 시의 일을 하신다.

 시라는 마음만 있다면 누구라도 좋았던 때가 있었다. 누구라도 좋으니 마음이 있었다면 시가 되던 시절이기도 했다. 그립다 말하지 않겠다.

11월 12일

시

예보

며칠 비가 왔다

야산에서 흘려보낸 물줄기엔 꼬리 잘린 고양이도 있었다

볕에 익어가는 짚풀처럼 마른 가을이 오고 있었다

곧 죽을 풀벌레들과 이미 죽은 친구를 두드리던

고양이 몇은 밤에 자주 울었다

적막에 젖고 야산의 물은 아직 차갑게 살아서

흐르던 길을 거슬러 급히 차량 한 대가 멈춘 뒤

거의 동시에 다른 차량 한 대에서 여자가 내려왔다

어떻게 네가, 어떻게 너희가 여자는 절규했다

당신이 충분히 젖은 줄 압니다 하지만

지금 이 마을의 밤은 당신을 함부로 겪어요

가야 합니다 여자는 그렇게 흘러갔다

뻔뻔한 두 사람이 그 길을 따라 사라지고

그 길 위의 사람 없던 일처럼 물소리만이 졸졸 실려서

촘촘한 점선을 따라 길게 그어진 노트에

괜찮으면 나오라던 당신의 이름을 몇 번이나 적었다

안 좋은 결심을 했다는 너의 절실은

찢기 좋은 마음이어서 내가 너도 죽일까,

남자를 셋이나 죽인다는 너는 나를 사랑하지 않으니 안

심하면서

단명한다는 또다른 너의 사주에 멎은 귀를 텅텅 두드리며

같이 죽자는 말은 차마 하지 못했다

그렇게 푸른 핏줄이 엉킨 허연 손목을 바라보며

실선을 이어붙이면 절취선, 그 길을 따라 쭉쭉 그어지는

빗금 속으로

다시 비가 오는가,

미간에 규칙적으로 떨어지는 물방울의 고독처럼

사람을 끝장낼 수 있을까, 창밖 어디선가

물방울이 어린 쇠를 다그치고 있다

날이 선 백지를 천천히 넘기다 결국

맨 뒷장에 하나 적게 되는 것이다

이름이 필요한 이유다

일기를 적지 않을 것이다

고통을 많이 배우면 쉽게 용서하게 된다

문간의 제웅처럼 말 없는 네 입속에 고통을 적어넣는다

헤진 눈이 검게 흐른다

실선을 이어붙이면 절취선,

진눈깨비가 사방을 흘리고 있었다

11월 13일

단
상

생일

엄마에게는 음력이지만 아무래도 양력이 기준이 되는 생일은 내게 별 감흥이 없는 날이다. 굳이 생일이 아니어도 나는 축하받는 일이 어렵고 그 상황 역시 곤혹스럽다. 축하받기를 어려워하는 사람은 축하하는 일에도 서투르다는 말이 떠올라서 간혹 원하지 않는 축하를 받게 될 때, 억지로 웃는 일도 있다. 서투르다는 말보다 타인이 받을 축하를 쉬이 지나칠지 모르는 나의 무지나 무감각이 두려워서 경계하고 싶은 마음 때문인데 그렇대도 축하하는 마음을 잘 받아내지 못하는 처지는 여전하다.

나는 왜 이토록 축하를 어려워할까, 아무래도 공치사 못하는 우리 집안의 피에서 기인한 듯도 싶다. 자랑은 겸연쩍은 것이다. 내 입으로 내뱉는 나의 소개는 이름을 말하면서부터 매번 움츠러들었다. 난 내 이름이 싫었으니까 아주 어린 시절부터 매해 거듭된 자기소개가 기다려질 리 없었다. 그러니 소개가 없는 자랑이 무슨 의미가 있었을까 싶은 것이고 그런 연유로 장기가 없는데 자랑은 뭐 하려고 하나 싶고 굳이 그럴 마음이 없는데도 등 떠밀리는 자랑이 좋을 리도 없었던 것 같다. 태어난 게 자랑이 될 수는 없으니까.

내가 떠벌리지 않아도 생일을 알 수 있는 시대여서 축하받기 싫어 근 십 년을 다른 날을 만들어 생일이라 우기고 다녔던 적도 있다. 괜한 짓이었지만 잘한 것 없이도 축하받을 수 있는 유일의 날이라는 게 불편한 공짜 밥 같아서 소화가 잘되지 않았다. 우리 엄마 말로는 내 성격이 그지같아서, 밥 한술이라도 억지로 뜨면 소화가 안 되는 놈이라서 그런지 어쩔 수 없었다. 그래서 내가 만든 가짜 생일은 어린이날이었다. 허울 좋게는 동심을 잃지 말자는 의지? 또는 각오? 정도로 가까운 지인들에게는 둘러댔지만 내심 어린이날에 어린이들처럼 작은 선물에도 들썩이는 어른이 되고 싶은 마음도 조금은 있었다. 한편으론 어린이 병량이가 어린이날

에 받았던 선물이 어느 하나 기억나지 않는다는 괜한 슬픔
도 있었던 것 같다.

내게는 생일에 대한 추억이 크게 없다. 만족할 만한? 행
복? 환희? 벅참과 감동? 없다. 여러 번이나 내 친구들은 다
른 날에 내 생일을 맞아주고 노래를 불러주면서 아니라는
내게 초를 끄라며 목청을 높이고 오늘이 아니라고 하는데
도 바쁘니까 오늘 그냥 생일이나 하자며 능청스럽게 박수
를 쳐주었다. 생일도 아닌데 술을 사게 하면 생일이 싫어
져? 안 싫어져? 나는 싫어진다.

한결같은 엄마는 아차, 아차차, 하면서 음력에는 양력을
양력에는 음력을 말하곤 했다. 그 진솔한 엄마의 재치는 대
단히 귀한 것이어서 나는 웃고 만다. 그 웃음으로 온전히 다
받은 생일상이어서 더 바랄 게 없었다. 부모님께 낳아주셔
서 감사하다는 말, 참 근사한데도 난 하지 않는다. 두어 번
했던 것도 같은데 답도 못 듣고 서로들 어색해져서 쉽게 포
기하게 되었다.

축하로 받은 마음을 간신히 꺼내주어야 할 때마다 외려 난 아픈 사람처럼 기운이 없어진 것 같다. 차라리 아픈 것을 말하라 하면 이보다는 쉬울 텐데, 그런 생각이 들 때가 더러 있었다. 그러니까 반대로 생일을 뒤집어보니 일생이란 말이 떠오르고 그런 날들을 관통하는 단 하나의 날과 그 하나의 일생이란 말속에는 나와 무관했던 먼 우주의 폭발로부터 시작된 부서지고 깨진 아무렇게나 조각난 별들의 탄생과 여정이라는 사건과 사고들의 파편화된 상처들이, 그 보이지 않는 원소들이 삶의 집합이라는 가냘픈 생각에까지 이르게 되는 것이다.

'나'라는 사건과 '나'라는 사고의 관계는 영영 모를 일이지만 여하튼 이러한 생각의 끝에 나는 결국 자신하게 된다. 아픔이라면 좋겠다. 축하보다는 차라리 아픔을 보는 날이 더 좋다. 곁으로서 안심이 되거나 면으로서 안도가 되는 사람이라면 더욱 좋을 것만 같다. 내 왼 무릎의 상처에는 일곱 살, 연남동, 혼자인 골목, 뜨거운 여름과 절뚝거리는 내가 있다. 왼 팔꿈치 안쪽의 흉터에는 제주도, 표선, 산들거리는 새벽과 귀뚜라미 울음소리가 있다. 누구에게나 공평하게 상처는 오고 흉터를 남긴다. 어떤 이의 흉터에서 어떤 날의 아픔을 함부로 보고 짐짓 모른 척하면서도 전이되는 따뜻한 상처들도 있다. 내 것이 아님에도 마치 내 것인 양 말없이 안 아주려는 마음이 들 때, 나는 내가 살아 있음을 느끼곤 했다.

누구보다 아픔이 많은 사람이 좋다. 슬픔을 자랑할 수 없다면 적어도 소개하는 사람들이 내게 많았으면 좋겠다. 그런 사람들과 오래 사랑하고 싶다.

11월 14일

레
시
피

알아두면 제법 괜찮은 양념

고춧가루가 들어간 빨간 양념입니다. 만들어두고 쓰면 나쁘진 않을 것 같아요. 양념이 되서 뻑뻑하다는 점 참고하세요. 저는 참나물, 영양 부추, 미나리와 같은 아삭한 식감의 채소를 버무릴 때 많이 사용합니다. 파채에도 괜찮습니다. 단 힘주어 버무리면 숨이 죽고 물이 많이 생겨 재료의 식감과 맛이 좋지 않을 수 있으니 주의하세요. 주가 될 채소에 당근과 양파채, 오이 등을 섞으시거나 참나물의 경우 사과채를 섞으면 맛이 더욱 좋습니다. 양념에 더해 기호에 따라 미원, 식초(저는 2배 식초를 살짝 넣습니다. 일반 식초보다 물이 적게 생겨 맛을 유지하는 데 좋아요), 참기름, 통깨, 후추를 추가하시면 됩니다.

재료는 다음과 같습니다.

진간장 100ml

굵은 고춧가루 50g

설탕 100g

참기름 20g

2배 식초 60ml

다진 마늘 5g

올리고당 또는 물엿 10g

믹싱볼에 재료를 담고서 고루 섞이게 해주세요. 고춧가루가 뭉쳐 떡이 지면 안 됩니다. 섞은 후에 바로 쓰셔도 되고 반나절 정도 숙성한 뒤에 쓰시면 더 좋습니다. 이렇게 만든 양념은 냉장보관하면서 두고두고 필요할 때 꺼내 활용하시면 됩니다. 반찬으로도 채소 겉절이나 구운 고기를 먹을 때 채소무침으로 좋고 입맛 없을 때는 국수를 삶고 그 위에 잘 익은 김치를 잘게 썰어 올린 뒤에 양념과 참기름, 설탕 조금, 통깨 등을 넣고 비벼 먹어도 제법 괜찮습니다.

제 입맛에는 맞는데 아닐 수도 있으니 주의하세요. 괜한 수고를 할 수도 있으니 양념 레시피가 필요한 분에게 선뜻 알려주시고 차후 반응을 본 뒤에 만드셔도 좋을 것 같습니다. 저도 귀찮아서 집에선 만들어 먹진 않아요. 그러니 알아두면, 이라는 전제를 둔 것이고요. 모두 잘 아시겠지만 사먹는 게 제일 맛있습니다. 아, 제 레시피가 시중에 떠돌아다니는 레시피와 비슷하거나 놀랍게 같을 수도 있습니다. 개인적으로 세상에 새로운 레시피는 없다고 생각해요. 문제는 디테일이죠. 엄마의 손맛처럼.

잠
문

편지

언젠가 안방에서 발견한 종이상자에는 빛바랜 편지가 가득했다. 보낸 곳들은 외국의 낯선 도시들이었고 받는 이는 서울이나 부산에서의 엄마였다. 원양어선을 탔던 시절의 아버지 편지를 모아둔 것이었는데 어쩌다 그 상자를 안방에서 발견했는지는 잘 기억나지 않는다. 아버지의 필체는 의외로 작고 반듯했다. 많은 말을 담으려다 촘촘해진 것일 수도 있지만 섬세하고 부드러운 말투들이 더해져 여린 분위기를 자아냈다. 아버지의 근엄과 아버지의 필체는 매우 다른 것이어서 나는 땀에 젖어 빛에 타버린 검붉고 예쁜 손의 사내를 떠올려보느라 빼곡한 글을 다 읽어보지도 못했다.

아버지는 당황스러워했다. 빠르게 종이상자를 닫아 제자리에 두면서 배 탈 때, 아버지 편지라는 묻지 않은 말을 들려주었다. 엄마가 아닌 아버지의 상자였다는 걸 그제야 알았다. 누구에게도 보여주고 싶지 않은 살갑고 애타던 사랑이 아버지에게도 있었을 테니. 아마 나라도 그랬을 것이다. 그는 사랑한다고 짧게 말했다. 그가 부르던 그녀의 호칭이 아쉽게도 기억나지 않지만 누구든 편지 머리말에 담긴 자신의 이름이 귀에 들리는 때가 있을 것이다. 환청이 아니라면 끝끝내 사랑인 그런 편지들이 가득한 종이상자가 있고 그 상자의 주인이 다름 아닌 나의 아빠여서 적잖이 놀랐던 것이다.

나는 조용한 방안에서 남몰래 청춘의 편지를 꺼내고 있을 남자의 예쁜 손을 상상해본다. 늙은 그가 그 시절의 편지를 읽는 하루마다 딱 그 하루만큼씩 젊어지는 시간이 있다면 좋겠다.

11월 16일

편
지

P에게

　좋은 사람, 주위에 그런 사람이 몇 있었지. 관계된 이들에게 싫은 소리를 듣지 않는 사람들이어서 좋은 사람 같다, 는 세평이 주를 이루는 사람들이었어. 내가 겪은 그들은 대체적으로 말수가 적거나 숫기가 없었고 책임이 부여되는 일이나 그런 자리를 매우 부담스러워해서 중책을 맡지도 대중적 자리에 나서는 일도 거의 하지 않았던 것 같아. 소문에 있어서는 늘 주변인의 자세였어. 대개 소문이 그렇듯 남의 허물을 들추거나 퍼트리는 일에 그들은 관심이 없어 보였고 어떤 개인을 비방하는 일에 동조하는 것도 보기 힘들었어. 아마도 그런 진중한 태도들이 사람들에게 신뢰로 이어졌겠지. 나 역시도 그리 보였으니까.

또 과격, 폭력, 욕설과는 거리가 멀었어. 감정 기복을 크게 보이지도 않는 차분한 사람들이어서 모두가 보기에 그들은 평화주의자였어. 싸움에 휘말리는 일, 사건에 개입하는 일을 극도로 경계해서 그 흔한 소란 속에서도 그들은 한결같이 조용한 사람들이었어. 모두가 그들을 좋은 사람 같다고 여기기 충분했지. 네 주위에도 한두 명은 있지 않았어? 지금도 분명 있을 테고.

근데 문득 그런 생각이 드는 거야. 이상하게도 그들을 깊이 아는 사람이 아무도 없다. 한두 명 있을 법한데도 그의 배경에 대해 어떤 속마음에 대해 아는 이도 알려진 이야기도 거의 없다는 게 좀 기이하잖아. 사회 속에서 관계의 고리에서 결속이란 게 있기 마련인데 물론 그들에게도 친한 사람들이 있었지만 그러한 사람들조차 그에 대해 많은 것을 알고 있진 못했던 것 같아. 이건 내 고백이기도 해서 결과적으로 내가 알았던 그는 모두가 아는 그와 크게 다르지 않았으니까. 단순히 타인들에 비해 말을 섞는 빈도와 그 총합의 차이일 뿐 특별할 게 없었어. 여하튼 모두에게 그리고 내게도 그를 둘러싼 궁금과 의문들은 미지가 되었고 미지는 결국 알 수 없을 사연이 되면서 그를 어렵고 친절한 사람으로 진중하고도 속을 알 수 없는 사람으로 느껴지게도 했지만 이런 인상들은 그들의 선한 이미지에 쉽게 가려지기 충분했어. 난 여전히 그들을 몰라. 내가 아는 많은 것이 나의 오해일지도 모르고.

그들도 자신들에 대한 일부의 이러한 평을 모르진 않았던 것 같아. 하지만 내가 보기에도 굳이 해명할 일은 아니었으니 한결같았어. 나는 그때 그 사람이 자신을 소개하는 일에 매우 서투르다고 생각해서 아쉽거나 서운할 때도 있었는데 후에 알았어. 서투름이 아니라 인색했다는 표현이 더 적확하다는 걸.

지금 내 주위에는 좋은 사람 같은 그런 사람은 없어. 내가 좋아하는 사람과 말 그대로 좋은 사람만이 있지. ~같다는 표현에는 아직 알 수 없다는 마음과 아직은 조심스럽다는 마음과 당신을 알고 싶다는 구애가 동시에 있는데 적어도 내 경우에는 그런 마음들이 해소된 명징하고 명확한 사람들만이 곁에 있다는 뜻이기도 해. 나는 누구에게나 좋은 사람은 결국 누구에게도 좋은 사람은 아니라고 생각해. 만인에게 평등한 좋음은 세상에 없다고도 믿어. 혹 있다면 그건 인간사가 아닌 신의 복음 아닐까?

내가 그들과 멀어진 건 단순해. 앞서도 말했지만 나는 보이는 사람이 좋아. 단지 그뿐이야. 그리고 내가 그들과 다르다고 생각하는 것 중 하나는 매사에 호전적인 편은 아니지만 다툼에 있어 그것을 해결해야 할 용기는 반드시 필요하다는 생각에도 있어. 좋은 게 좋은 거라는 말은 수사에 불과해서 모두에게 좋음으로 귀결되는 일은 보기 힘들고 갈등이란 것이 본디 균열로 이뤄진 것이어서 봉합 뒤에도 흉터를 남기기 마련이니까. 나는 양시론을 좋아하지 않아.

내가 우습게 내 편, 네 편 나눠서 싸우자는 게 아니야. 잘잘못에 대해 말할 수 있는 용기가 없다는 건, 그가 헤아리는 두 마음이 기실 두 마음으로부터 미움받기를 두려워하는 자기방어에 기인한 것은 아닐까, 그는 누구의 편도 아닌 오직 자신의 편이 아니었을까 하는 생각 때문이기도 해. 옳고 그른 것을 살피는 것이 굳이 거창한 윤리와 도덕을 따지지 않아도 마음의 성질이라고 나는 믿는 편인데 이기는 놈이 꼭 우리 편이 아닌 결국 옳음이 이기는 편이 나는 좋아. 그러나 동시에 꼭 옳지 않다 해도 어떤 실수를, 한때의 그릇된 시간을 살포시 안아주는 마음이란 것도 있으면 좋겠다는 바람도 있어. 네 편, 내 편을 나누는 것만큼 유치한 것이 없다지만 그럼에도 내 편이 있다는 게 얼마나 든든한 일이냐.

여하튼 그들의 행태는 나무랄 게 없는 것이지만 아쉽게도 내겐 감동이 없었어. 난 화가 나서 얼굴이 붉어지는 사람, 짜증으로 미간이 일그러지는 사람, 욕지거리로 분을 토해내는 사람들이 좋아. 표정에 거짓이 없고 마땅한 숨김이 보이지 않아서 친근하게 대할 수 있으니까. 그런 사람들의 얼굴에는 살아온 역사가, 앞으로 살아낼 미래들이 보여. 예컨대 대수롭지 않게 굴곡 많은 가정사를 말하면서도 정말 대수롭지 않게 농담과 익살로 세상을 환하게 하던 사람에게서 나는 애를 쓴다는 마음을 읽게 돼. 가장 튼튼해 보이던 사람이 느닷없이 술 한잔하자며 새벽에 찾아와 나를 꼭 안아주고는 술도 없이 휘청거리며 고마워, 라고 말할 때 외려 내가 위로받던 일도 있었지. 군말이 필요치 않고 굳이 이해를 구하지 않아도 되는 사람들. 난 그들이 좋아.

몇 해 전부터 매년 꼭 한번은 연락처를 정리해. 단순하고 간결해지기 위한 것인데 말이 정리지 삭제하는 일이야. 삶은 관계의 실타래 같아서 묶음의 형태로 그 궤를 짐작할 수 있잖아. 그것을 작고 단단한 암체공처럼 만들어야겠다는 생각이 들었던 것 같아. 연락처에는 우선 나를 아는 사람들이 있고 내가 아는 사람들이 남겨져 있지. 여기서 안다는 것은 내밀한 것도 물론이겠거니와 소소한 일상을 굳이 알지 않더라도 무소식이 희소식인 양 잊고 살다가 목소리만 들어도 많은 걸 헤아릴 수 있는 시간의 질곡 같은 것들이 묻어 있기 마련이야. 내가 좋아하는 동생 쪼단의 첫마디가 모해 용, 이면 별다를 게 없다는 뜻이고 형, 하면 나는 왜? 뭔데? 하며 조바심이 나거든.

그리고 멀어졌으나 여전히 애틋한 사람들이 있어. 약속한 바 없이 미안하다는 말을 서로에게 하는 건 그들도 나도 문득 서로를 떠올리는 때가 있다는 말이기도 해서 우리는 그렇게 연결되어 있다고 믿어. 그리고 내가 빚진 사람들이 있지. 무엇이 되었건 살면서 차곡차곡 갚겠습니다, 하면 이미 다 받았다는 투로 찰랑찰랑 마음을 흔들곤 하지. 그 빚짐에는 내게 없던 미래와 내가 가고자 했던 길과 내가 올려다보던 동경들, 나이 불문의 선생들이 있어. 그리고 가족과 버리지 못할 추억의 이름들이 또 있지. 그들은 모두 내 편이고 나는 온통 그들의 편이길 희망해. 모두에게 좋은 사람이 못 된다는 걸 잘 알기에 적어도 그들에게만큼은 좋은 사람이기를 항상 바라지. 그뿐이야.

잡
문

이남 중 차남

동갑내기 친구들이 가진 가족 내에서의 위치다. 개중에 누나가 있는 한 친구와 외동인 친구가 있는데 어쨌든 형제 중에 막내거나 차남이 주여서 그림을 그리던 친구가 이남 중 차남이라는 제목으로 장난스레 삽화로 그려 돌려보던 것이 계기가 되었던 것 같다. 친구가 삽화를 총 8화까지 그렸던 것 같은데 모두 십대 후반과 이십대 초반의 에피소드였다. 우리끼리는 좋다고 깔깔거리던 이야기들이었지만 이게 뭐야, 모르는 사람들의 평은 대개 흐리멍텅했다.

우리는 고등학교에서 만났다. 모두 고만고만한 성적에 딱히 꿈이랄 것도 없어서 노는 게 제일 좋았다. 별다를 게 없었다. 어울리면 그게 노는 것이었으니까. 삽화에도 있는 이야기인데 친구 중 사마귀가 틈만 나면 시베리안 허스키 사진을 보여주며 귀엽지? 귀엽지, 하던 때가 있었다. 시큰둥하게 응, 어, 하면 우리집 옥상에 있어. 귀엽지? 보러 갈래? 하던 일이 억지스럽게 반복되던 어느 날, "개 무서워하는 놈이 무슨 개를 키워?" 하며 한 친구가 거짓말이라며 딴지를 걸었다. 개 이름은? 아직 없어, 그게 말이 되냐고? 모두가 이미 허스키는 가짜야, 라며 단정을 짓고 확인을 포기했을 때 이참에 버릇을 단단히 고쳐놔야겠다며 집 가는 길에 자기가 확인하겠노라며 끝내 사마귀의 집 앞에 도착한 친구는 한참 후, 옥상에서 그 친구의 이름을 부르며 사마귀와 녀석의 어머니가 반듯한 손을 흔들며 자신을 반기는 모습에 자신도 모르게 꾸벅 인사를 한 뒤에 같이 손을 흔들다 돌아왔다는 얘기를 전해주었다. 그래서? 어머니 성함이 허숙희라고? 아니, 애초에 허스키는 없었던 거라니까. 사마귀는 머쓱하게 숱 없는 머리를 긁으며 미안해했다. 대체 왜 그러냐?라는 분노 섞인 물음에 재밌잖아, 그러곤 말았다.

  어린 시절에 보던 아저씨들이 친구의 별명을 부르며 붉게 웃고 떠들던 것들이 생각나는 요즘이다. 누구보다 점잖아 보이던 노신사 두 분이 당구를 치며 상대를 훼방하려고 사실인지는 알 수 없는 집 나갔다는 며느리나 아내에게 숨겼다는 돈 얘기를 꺼내며 서로를 골려댈 때 당시에는 알 수 없었던 그들의 쾌활한 웃음을 조금은 알게 된 듯도 하다. 저마다 조금씩 다르지만 서른이 넘어 결혼, 출산, 장례와 같은 커다란 사건을 제외하고는 그다지 기억될 만한 것이 없다고 서로들 공감도 한다. 때문에 만나서 하는 이야기들이 고작해야 사는 얘기다. 너나 나나 크게 다를 바 없어서 결국 어릴 적 이야기로 귀결되는데 그제야 서로들 웃고 말 없던 입들이 분주해지곤 한다. 역시 무료함을 해소하는 데 추억만 한 것이 없어서 지난 모임에서, 그전 만남에서도 꺼내어 먹던 반찬들로 배불리 집에 돌아가는 일이 많다.

준비된 수험생도 아니었지만 우리도 그해의 수능시험을 보았고 열과 성을 다한 것은 아니었지만 또래 친구들처럼 술과 함께 해방감에 취해 있었다. 하루는 동네에서 술을 마시고 집으로 걸어가는 길에 회의중이라는 친구가 성가대 기교를 뽐내며 노래를 흥얼거렸다. 제법인데, 하지만 가사에 심취한 그의 고성이 화근이었다. 우리 옆으로 순찰차가

미끄러지듯이 다가오면서 차에서 내린 김경사님은 말했다. "길에서 자중하셔야죠." 우리는 친구를 다그치며 최대한 침착한 말투로 죄송하다고 했다. "조심히 귀가하세요"라는 김경사님의 말이 끝나기 무섭게 회의중이 말했다. "선생님, 저희가 대학에 다 떨어져서요. 좀 마셨습니다." "학, 학생들이 술 마셔도 돼요?" "저희가 대학에 다 떨어져서요. 죄송합니다."

그렇게 말이 길어지면서 나와 친구들은 왜 저래? 하며 당황 속에서도 웃고 있었다. 녀석은 말을 잘도 지어냈다. 부모와 담임선생의 허락도 받았으며 심지어 듣지도 못한 검사 삼촌에게 술값 하라며 용돈까지 받았다는 것이다. "친구들은 의리도 없어요?" 노래를 잘하는 친구 덕분에 우리는 결국 같은 순찰차를 타고서 파출소로 향했다. 우리와 달리 녀석은 의리가 있어서 어디서 마셨냐며 그 업소가 더 나쁘다는 김경사님의 으름장에 그건 절대 말할 수 없다고 하루 벌어 하루 사시는 분들 더 어렵게 할 수 없다면서 경사님을 붙잡고 선처해달라며 읍소를 했다. 녀석은 마치 경사님의 품에 파묻힐 자세여서 김경사님은 운행중인 차를 세울

수밖에 없었다. 그러곤 지쳤다는 투로 말했다. 오늘은 훈방 조치하니 시끄럽지 않게 바로 집으로 간다고 약속할 수 있어요? 예, 우리는 뒤돌아 안도했다. 조용히 집으로 가면서 녀석은 꽤나 흡족한 미소로 말했다. "역시 배짱이 중요하다니까!" "그, 그럴 리가······"

가끔 근엄한 척하는 녀석에게 나는 김경사님 얘기를 꺼낸다. 그럴 때마다 녀석은 내게 알츠하이머 언제 걸리냐며 체념한 듯 말한다. 그러곤 같이 웃는다. 우리 중 누구도 수시를 보지 않았고 수능 성적이 나오기도 전의 일이었지만 녀석 덕분에 우리는 모두 대학에 떨어져버렸다. 그래서 다시 한번 웃고 만다.

그 시절의 나는 부침이 많았다. 불안은 불가피했고 두려움은 온전한 것이었다. 하지만 돌아가고 싶다면 딱 그때이고 싶다. 살아보니 알겠다. 한때라는 말, 좋을 때라는 말, 세월에 장사 없다는 말이 몇 안 되는 진리가 된다. 내 찢어진 청바지를 버렸던 외할아버지의 말은 그래서 울림이 크다. 놀 수 있을 때 놀아라, 그래서 가끔 난 조금 덜 자고 더 놀걸

하는 후회도 든다.

　내게는 이남 중 차남들이 있어서 늘 성찬이었다. 큰 탈이 없다면 앞으로도 그럴 것이다. 그들의 품으로 시절을 그리워할 수 있다는 건 내가 그들에게 빚진 세월이 값진 뜻이기도 하다. 어디에도 불편한 추억은 없다. 그것이 추악하다면 기억이라는 말로 제약되거나 조악한 기록 정도로 남았을 게 뻔하다. 결국 잊히거나 스스로 태워질 것이 분명하니까. 쓸모가 없는 추억을 간직할 사람은 결코 없을 테니 오직 미화되는 것은 추억뿐이다. 설령 그것이 긍정을 덧칠한 향수일지라도 추억은 힘이 세서 그 힘으로 살아지는 삶이 있다.

　내 추억의 모든 존재에게 온 세상의 고귀한 마음을 담아 경의와 존경을 표한다. 지금은 서로 모르나 그가 나를 알고 내가 그를 잃었던 시절을 내내 거절 없이 살았다. 살아 있음으로 당신의 존재를 증명하는 일이기도 하니 부지런히 살겠다.

잡
문

돈통과 저금통

몇 해 전 일이다. 운영하는 매장 공사로 내부 집기들을 일
층 주차장 안쪽에 두고는 천막을 덮어놓았던 적이 있었다.
공사가 거의 완료될 즈음 꺼내두었던 집기들을 다시 정리
할 때였다. 포스라고 불리는 매장 결제, 정산 등을 관리하
는 컴퓨터와 돈통이 보이지 않았다. 혹시나 해서 여러 번 살
폈으나 없어진 게 맞았다. 통 안의 돈은 이미 빼두었던 터라
다행이었지만 프로그램 안에 있던 정산내역과 음악파일 등
의 내부 자료가 문제였다. 크게 문제될 것은 없었으나 귀찮
은 일이 아닐 수 없었다.

다행히 건물 CCTV를 통해 범인을 알 수 있었다. 내가 물
건의 부재를 인지한 당일 이른 아침의 일이어서 공교로웠

다. 손수레가 세워지고 천막을 걷어낸 사람이 구석구석을 찬찬히 살피다 내가 찾던 물건을 들고 사라졌다. 아직 해가 뜨지 않은 시각이라 영상이 다소 어두웠으나 범인을 특정하기에는 무리가 없었다. 주위 건물의 관리소장 몇 분이 한 노인을 특정해주었다. 노인은 같은 일을 하는 다른 이들보다는 좀더 늙고 쇠약한 편이나 돈이 될 만한 것은 무엇이고 대책 없이 들고 가버리는 양반이라며 각자 한두 번씩은 겪었다는 곤혹스러운 경험담을 전해주었다.

귀찮은 일이었지만 영업을 재개하는 데 무리는 없었다. 그사이 근처 고물상 몇 군데에 들러 잃어버린 물건의 사진을 보여주며 수소문하거나 사례하겠다며 연락처를 두고 오기도 했더랬다. 그렇게 사건은 점차 지워져갔다. 그리고 어느 날, 옆 건물의 관리소장이 황급히 나를 찾아와 가리키던 곳에 그 노인과 손수레가 있었다. 저 사람이구나. "어르신, 잠시만요." "……"

노인은 전해 들었던 것보다 더욱 쇠약해 보였다. 얼굴의 살가죽은 옻칠을 한 것처럼 어둡고 표정마저 그랬다. 표정?

그것을 표정이라 해야 할지, 형상이라 해야 할지 차마 표현하기 두려운 참혹이 서려 있었던 것은 분명하다. 그는 오래된 폐목처럼 맥없이 그렇게 굳어져 내 앞에 있었다. 다 자라지 않았으나 이미 늙어 쓸모를 다한 나무였다. 그때 모든 것을 포기해야 했다. 그때 모든 것을 알아버렸으니까. 하지만 나는 차분히 자초지종을 설명했다. 이미 체념한 일의 행방을 묻고자 한 것이다. 하지만 이제 와 무슨 행방이란 말인가? 바보. "노인네 말야, 귀가 먹었어. 더 크게 말해요!" 아, 그래요? 나는 더 큰 몸동작으로 아담하게 늙은 나무를 향해 소리치고 있었다. 그때 노인은 잠시 죽어 있었다. 이미 멈추었고 굳은 채로 서서 아무도 아무것도 보이지 않을 눈으로 다만, 켜진 눈으로 어쩌다 이곳에 세워진 사람처럼 아니, 사람이 아닌 것처럼 그렇게 있었다. 그리 긴 시간이 아니었으나 지독히 느린 시간 속에서 마침내 노인이 움직였다. 손을 반쯤 펼쳐 가로젓는데 귀를 가리키는 듯, 입을 가리키는 듯 아니라면 자신의 모든 것을 가리키는 수신호 같았다.

  그때 살짝 벌어진 입안을 나는 보았다. 당연히 있어야 할 것들이 보이지 않았다. 말 그대로 텅 비어진 잔인하게 가난한 창고였다. 그 속의 사정을 알 수 없으나 왜 알 것 같은지, 함부로 그를 안다는 생각은 아주 깊이 무례한 것인데도 별 도리가 없었다. 그러니 그때 멈췄어야 했다고, 나는 여태 생각하면서 결국 내가 찾게 된 것이 지나쳤더라면 좋았을 노인의 행방, 그가 살아낸 세월이어서 가끔 손수레를 끌고 가는 노인을 볼 때마다 멈춰지게 된다. 그렇게 노인은 그 거리를 떠났다. 네 탓도 아닌데 마음 한켠이 무겁다. 아니, 또 모를 일이다.

　누구든 배고픈 시절이 있다. 나도 그 시절 어울리던 친구들과 십시일반 돈을 모아 밥이나 술을 사 먹고는 했다. 그때 함께 어울리던 친구가 있었는데 한동안 돈을 갹출할 때마다 오백 원 동전 하나를 꺼내며 자신의 사정을 대변했었다. 다들 주머니 사정이 좋지 않을 때니 이해 못 할 처지도 아니어서 야, 됐어. 있을 때 좀더 내, 하고는 했다. 처음 두세 번은 괜찮았지만 문제는 그 기간이었다. 한참이라는 말이 나오기 시작한다는 건, 참을 만큼 참아줬다는 것인데도 때마다 그는 오백 원을 꺼내 보였다. 당연히 친구들 사이에서 볼멘소리가 들리기 시작했다.

그렇게 얄미움이 무르익을 즈음에 나는 그가 어김없이 내밀던 동전을 받아 일부러 길에 떨어뜨렸다. 우리를 그토록 질리게 했던 어김없이 2001년 발행이 완곡하게 각인된 오백 원이었다. 차라리 없애는 편이 나은 꼴 보기 싫은 동전은 격정적으로 굴러 낮은 배수구에 떨어졌다. "또, 2001년이야! 대체 그때 무슨 일이 있었던 거야!" 우리의 놀라움과 격정과 한탄을 뒤로하고 그는 배수구에 빠진 오백 원을 손쉽게 꺼내고는 이게 2001년도였어, 하며 겸연쩍게 웃었다. 사라지길 바랐지만 그의 손에 들린 동전은 불멸이어서 우리는 그날 알게 되었다. 이길 수 없는 싸움에서 이기고자 했던 마음이 얼마나 처량한지를.

그 배수구 사건 이후, 얼마 지나지 않아 우연히 자주 들르던 식당에서 식사를 하고 있던 친구와 그 일행을 만나게 되었다. 어울리기 좋아할 때였으니 밥집을 나와 카페로 향하면서 누군가 그에게 물었는데, "너 요새는 좀 괜찮아? 밥값은 어떻게 냈어?" "긁었지!" 순간, 우리 모두의 얼굴과 그의 얼굴이 서로를 바라보았다. 긁는 시늉을 하던 그의 손은 얼어있었다. 뭐, 뭐야, 카드가 있었어? 설마, 설마, 웅성거리던 바로 그 순간 "저, 저금통 긁었다고……" 그의 기지는 훌륭했지만 이미 늦었음을 아는 얼굴이었다. 그렇게 또 한참을 뭉치의 동전을 갖고 다니며 그는 우리를 질리게 했다.

오백 원을 가지게 되면 괜스레 뒷면의 제조 연도를 볼 때가 있다. 2001년에 무슨 큰일이 있었던 것도 아닌데, 그해의 오백 원은 왠지 모르게 쩨쩨하고 얄미워서 빨리 쓰게 된다. 절대 저금통에는 넣지 않는다.

시

스멀스물수몰

문득, 천장을 바라보다

천장이 나를 덮치면 어쩌나, 했다

죽겠지? 글쎄 반드시, 죽으라는 법도 없겠지만

꼭 한번은 죽어야 한다면 나중에,

죽고 싶어서 말했다

천장아! 약속할 수 있을까?

비어진 새끼손가락이 민망하자

천장이 고요했다 덜컥,

윗집의 아이들이 두려워졌다

가위에 눌린 듯 천장을 바라보다가 쿵, 쿵

겁을 주는 약속아!

알 수 없는 너를 믿어도 될까?

혼자만 해서 못 믿는 눈치라면

대체, 알 수 없는 일들은 어떻게 지켜지기로 한 거지?

말없이 토라진 애인처럼

화가 났나, 전화를 받지 않아

새침한 약속이 싫어졌다

반드시 죽어야 한다는 약속을 내가 했나, 언제?

아무리 애를 써도 돌아오지 않는 애인이 미워졌다

조금씩 천장을 흔드는 소리

갸야지! 어딜? 늦었어! 그러니까 어디를?

열을 셀 때까지 어서, 바닥에서 일어나지 않으면

밑층의 누군가도 위험해진다고

자정을 알리며 자명종이 울렸다

그러니까 꿈이라는 거지?

다 큰 놈이 운다고

방문을 크게 닫는 가족

문이 열릴까,

어째서 문은 다시 열릴까?

말없이 나는 천장을 올려다보았다

일
기

멀리 있는, 다시 없을 너에게

나는 내가 특별하다는 생각은 하지 않는다. 그래서 기상천외한 일이 내게 닥친다거나 진귀한 것들이 어느 날 불쑥 내게 오리라는 기대조차 없다. 노력한 만큼 딱 그만큼 받는다는 건 억지스러워서 비례한 것보다 못하게 오리라 믿는 것이 외려 순리 같다. 이 순리에 순응하면 큰 기대가 없어서 마음이 두루두루 편안하다. 행복이 또는 불행이 괜스레 삶을 나눠보니 실없이 두 가지만 남은 것은 아닐 텐데 선택지가 아쉽다. 어쨌든 행복은 찰나 같고 불행은 불가피한 것이니 불행이 유별나게 많은 인생임을 일찍이 나는 받아들였다. 때문에 달의 한 번이라도 해맑은 일이 있었다면 좋았다, 하고 마는 것이다.

물론 나와 달리 내가 보기에도 운이 좋은 사람들은 있다. 그들이 하나같이 행복해 보인 것도 사실이다. 부러운 일이 지만 더는 그들을 시기함으로써 나의 불행을 일으켜세우고 싶은 생각이 추호도 없다. 게다가 그들은 고귀할 정도로 소수의 사람들이어서 평생 마주할 리 없으니 안심해도 좋은 것이다. 나보다 나은 것은 많다. 내가 할 수 없는 일은 더욱 많다. 그리고 하려 했던 많은 일을 스스로 포기하지 않았던가, 팔자를 타고난 어떤 타인의 생과 운명을 공정과 평등의 개념으로 나와 견주는 일은 세상 아둔한 것이다. 한때 나도 그랬는데 이건 자신에 대한 가학이자 그 자체로 불행이어서 병들기 쉽다. 면역도 백신도 없을 그 불치를 안고 사는 건, 짧은 날들에 대한 악행이 될 뿐이다.

긴 시간 어려운 문제였다. 불행이 행복보다 많다는 걸 인정하는 일. 딱 그 하나였음에도 슬픈 일이 아닐 수 없어서 스스로가 가여워졌다. 받아들였기에 내가 불행한 사람이 되었다는 고백이 결코 아니다. 여전히 난 살아 있고 무수히 많은 불행 속에서 찰나의 행복을 감사히 여길 줄 알게 되었다.

불행은 목숨보다 가까이 있고 행복은 풀숲에 숨겨진 어린 날의 보물찾기 같아서 잔혹과 동화를 같이 읽는 것이다. 내게 보물이 적힌 그 쪽지가 발견될 확률은 거의 없었다. 갈피를 잃고 지쳐갈 때쯤 소소한 것들을 발견하는 날들이 간혹 있었을 뿐이다. 내가 보기엔 제법 많은 이가 나와 크게 다르지 않아서 외로운 일도 아니었다. 그것이 인생임을 받아들인 후에 비로소 목도하게 된 후회의 전부는 지난날 내가 놓친 행복들뿐이었다. 그러니 불행이란 미래의 것이 아닌 과거로부터 내가 힘주어 당긴 허망한 슬픔 그 이상의 것은 못 된다. 내가 나를 망쳤어, 결국 네가 아닌 나라서 그 불행을 멈추어야 한다면 존재를 수긍하는 일이 곧 자신을 믿는 일이 되는 것이고 그렇게 부수적으로 나를 만든 신이 그리하여 그를 세상에 주었다, 정도로 신의 존재를 가늠하게 되기도 한다. 물론 나의 쓸모는 오직 나의 몫이니 신이 내게 해줄 일이 살아서는 없을 것이다.

문득 당신도 당신의 역사를 찬찬히 살펴보는 때가 있다면 좋겠다. 특별한 삶이 아니라 해도 특별히 재미없는 삶이 되지 말라는 법은 없다. 〈가장 보통의 존재〉와 〈평범한 사람〉. 내가 편애하는 이 두 곡의 이름만으로도 외로울 리 없는 세상이지 않을까, 나는 우울한 노래를 들으면 괜스레 힘이 나곤 한다. 어느 날은 어째서인지 몰라도 애썼다는 말보다 애쓰지 않아도 된다는 말에 마음이 왈칵 쏟아질 때가 있다. 다 컸다고 엉엉 울어보면 안 되나? 지금은 멀리 있는 다시 없을 너에게 말해주고 싶은 밤이다.

잡
문

인생, 벌꿀오소리처럼

때마다 다른 어려움을 안고 며칠을 앓을 때마다 내가 약처럼 복용하는 게 바로 벌꿀오소리 영상인데 나는 녀석의 일상을 통해 갈수록 보잘것없어지는 에너지를 충전하곤 한다. 그래. 인생, 그까짓 거, 일단 하고 보자는 심산으로 몸을 일으키고 호기롭게 일을 저지를 수 있었던 힘은 벌꿀오소리의 망설임 없는 기백으로부터 배우고 빚진 것이기도 해서 내게는 무엇보다 고맙고 사랑스러운 동물이다.

벌꿀오소리를 처음 알게 된 건, 녀석이 살모사와 싸우다 죽어가는 짧은 영상이었다. 살모사를 죽였으나 그 역시도 독에 마비되어 고통스럽게 몸을 비틀고 숨을 헐떡이다 끝내 죽음에 이른다. 녀석의 호기로운 사투가 제법 마음에 들었지만 동시에 기세만 자랑한 허무한 죽음이라는 생각도 잠시, 벌꿀오소리는 벌떡 고개를 치켜든다. 그리곤 아주 태연히 살모사에게 물린 자신의 살가죽을 거칠게 핥는다. 완벽히 죽어 있는 살모사에게 다가가 게걸스럽게 먹어치운다.

나는 평소에도 유튜브며 OTT에 있는 짧은 동물 영상이나 다큐멘터리를 즐겨 보았는데 벌꿀오소리의 그 영상을 접한 후에는 한동안 벌꿀오소리만 검색해서 찾아볼 정도로 녀석의 매력에 푹 빠졌었다. 그 영상의 사건은 이랬다. 사막쥐라고도 불리는 작고 귀여운 게르빌루스쥐는 안타깝게도 살모사의 사냥으로부터 벗어나지 못했다. 그때 불청객이 나타난다. 바로 벌꿀오소리다. 녀석은 보란듯이 살모사의 먹이를 탈취해서는 먹어치운다. 이 아프리카 살모사의 독은 성인 남자 네 명을 동시에 죽일 수 있을 만큼 치명적이어서 그리 만만한 상대가 아니지만 "알다시피 녀석은 개의치 않는다"고 성우는 말한다. 녀석은 불청객이자 양아치여서 탈취한 먹이로는 성에 안 찼는지 이제 살모사에게 덤벼든다. 그리고 끝내 원하는 바를 이룬다.

끝내 원하는 바를 다 이루는 벌꿀오소리는 많지 않다. 녀석들은 겁이 없고 대범하며 호전적이어서 상위 포식자에게 죽는 일이 흔해 멸종위기종으로 분류된 지 오래다. 가끔은 헤아리고 살피는 시간들이 괴로울 때가 있다. 어렵게 끝냈더니 또 고민이어서 결정을 미루게 되기도 한다. 과제는 산적해 있고 누구에게도 해소될 리 없는 문제들은 자꾸 태어난다. 문제를 맞닥뜨리길 주저하게 되면서 문제에 대한 두려움과 실수에 대한 불안감으로 생각이 생각을 잡아먹는다. 이 진부하고 정직한 굴레 속에서 진척 없는 나 자신을 볼 때마다 벌꿀오소리의 무작정을 자주 떠올려보곤 했다. 덕분에 아이씨! 그래, 인생 뭐 있어! 일단 시작하게 되는 순간이 더러 있었다. 마음에 걸리는 짐작들, 도와줄 리 없는 요소들, 반복되고 있다 믿어지는 실패를 어떤 것에도 '개의치 않는' 벌꿀오소리처럼 저지르고 나면 해소되는 고민들이 생각보다 많았다.

벌꿀오소리는 오백 제곱킬로미터를 자신의 영역으로 간주한다. 참고로 서울시가 육백 제곱킬로미터 정도이고 고양시가 이백육십 제곱킬로미터 정도이니 이 엄청난 면적을 무리 생활을 하지 않는 벌꿀오소리가 혼자서 감당한다는 것은 불가능에 가깝다. 활동 반경이 보통의 동물보다 넓은 것은 사실이지만 다행스럽게도 녀석이 믿는 영역의 크기는 착각에 불과하다고 한다. 단순히 욕심이 많은 아둔한 동물 같기도 하지만 이 무리한 착각이 녀석에게 강고한 체력과 성실한 태도를 주었을 게 분명해서 일단 시작하고 보는 그의 습성을 미루어 짐작게 한다. 때문에 녀석은 마땅한 집이 없다. 계속 거처를 옮겨야만 자신의 영역을 지킬 수 있을 테니 남의 아늑한 집을 강탈하는 일에 주저함이 없다. 미안함, 알다시피 개의치 않는다. 버려진 집을 찾기도 하고 여의치 않으면 노숙하거나 찾을 때까지 이동하기도 해서 집 그까짓 거, 가다보면 나오겠지 하는 건강한 정신에 나는 매력을 깊이 느낀다. 어쩌지, 어쩌지 하는 염려보다 먼저 벌꿀오소리는 달리고 있다. 하루를 그렇게나 열심히 살았는데도 둘러봐야 할 영역은 넓고 벅차다. 녀석은 모른다. 자신을 움직이는 힘이 몸이 아닌 귀여운 착각에서 비롯되었음을 알 길이 없다.

벌꿀오소리는 이름에서 알 수 있듯 벌꿀을 보면 인정사정이 없다. 벌에 쏘이면서도 꿀에 처박힌 얼굴을 절대 일으키지 않는 전사다. 꿀에 대한 사랑과 집착이 그토록 처연하고 맹렬했기에 학자들은 큰 고민 없었을 것이다. 그냥 저놈이 벌꿀이지 뭐, 했겠지 싶다. 꿀을 너무나 사랑한 나머지 벌로부터 자유롭고 오직 꿀만 바라보고 싶어서 벌꿀오소리의 가죽은 두꺼워졌고 독에 대한 면역을 키우며 진화했다고 한다. 학자들은 말한다. 벌꿀오소리의 지독한 식탐이 그들의 자만심을 키웠다고 말이다. 그러나 동시에 그런 자만이 전적으로 동의되는 동물이 벌꿀오소리이기도 하다.

자만은 독이다. 하지만 자만이 독에 대한 면역이 될 수도 있다. 그리고 착각이, 무모해 보이나 그토록 귀여운 착각이 존재를 무한히 움직이게 하는 힘이 되기도 한다는 걸 나는 벌꿀오소리로부터 배웠다. 해, 하고 나서 말해, 되도록 게으른 내게 주문할 수도 있다. 많은 벌꿀오소리가 맹수와 싸우다 죽는다. 해서는 안 될 싸움이니 결과는 뻔한 것이지만 뭐 어쩌겠는가, 도망치지 않고 그가 싸우길 선택했으니 죽을 수밖에. 하지만 죽을 때까지 표범의 목덜미를 놓아주지 않던 벌꿀오소리를 나는 보았다. 때론 죽음보다 오래 남는 의지가 있다. 그것으로도 충분히 빛나는 생이 있어 좋다.

잡
문

김치볶음밥은 위험해!

본가에 간다고 말하면 엄마는 말한다. 밥 먹을 거지? 대답이 성글면 괜한 수고가 있을 게 뻔해서 아뇨, 됐어요. 괜찮다고 나는 말하지만 내가 좋아하는 감자나 옥수수를 쪄서는 소소한 것들과 함께 주섬주섬 담아놓는 게 엄마, 당신의 일이어서 매번 내가 지고 만다. 그렇게 괜찮다고 하는데도 어떤 날은 집으로 돌아가려는 내게 밥 먹고 가지, 하며 붙잡을 때가 있다. 시간이 애매하거나 다른 일정이 있어 급히 나오기도 하지만 별 시답잖은 핑계를 둘러대며 그만 쉬세요, 하는 때가 많다. 사 먹자고 해도 금방 차린다며 정말이지 금방 내어놓는 엄마의 밥이 나는 불편하다. 하지만 이런 나를 가끔 식탁에 앉혀두는 음식이 있는데 우리집에서는 그걸 당면국이라고 부른다.

돼지고기 김치찌개에 당면을 넣은 이 단순한 국에 밥을 말아 먹는 걸 나는 어려서부터 좋아했다. 엄마가 엄마에게서 배운 국은 그리 특별한 것은 아니지만 밖에 나가 먹을 수 있는 음식은 아니어서 줄곧 우리집에서만 먹는 음식이었다. 당면 때문에 빨리 먹지 않으면 국물이 줄고 밥이 퉁퉁 불어버리고 마는 불편함이 있지만 같이 들어 있는 두부를 으깨어 곤죽처럼 비벼 먹는 것도 나름 맛이 좋았다.

"당면국 끓여놨어, 먹고 가!" 아무리 거절하려 해도 결국 밥상머리에 주저앉고 마는 엄마의 국을 먹으며 나는 오래전에 내가 들은 김치볶음밥 얘기를 꺼내어볼 때가 있다. 이건 고등학교 친구의 일화인데 셋이 수업 시간에 나와 학교와 가까운 한 친구의 집에서 게임을 했다고 한다. 부모님이 맞벌이를 해서 철없던 시기에 자주 신세를 지던 집이었고 그날도 평소와 다를 바 없었다는데 요란하게 현관문이 열리며 급히 친구의 어머니가 들어오셨다. 바쁜 일이 있으셨던 것 같아…… 그런데도 엄마는 다른 것은 묻지 않고 "너희들 밥은 먹었니?" 하며 주방에서 방을 바라보고 아들

은 먹었다는데 짓궂은 친구들은 "어머니, 못 먹었어요" 하며
아들을 골려서 한동안 밥을 해줄 테니 먹으라는 엄마와 됐
다고 먹었다고 말하는 아들 사이에 실랑이가 있었다는 것
이다. "야 니들도 못돼처먹었다. 증말." "알아, 아는데……
진짜 때마침 점심시간이었어. 말이 자동으로 나오는 걸 어
째" 아들은 친구들에게 빨리 나가자고 하고 엄마는 너희들
밥 먹고 가라고 하고 그때마다 아들은 아니, 먹었다니까 하
며 친구들을 잡아끌며 한참이나 서로가 시끄러울 때쯤 그
럼 나 혼자라도 간다, 하며 아들이 현관으로 뚜벅뚜벅 걸어
가 발길질로 신발을 걷어올릴 때, 바로 그때 들었다는 것이
다. 아들, 엄마가 김치 쫑쫑 썰어서 볶아줄게. 먹고 가!

  "볶는다고?"

 '볶는다'는 말에 순하게 돌아온 아들은 "야, 밥 먹고 가자"
며 방안으로 간이식탁을 가져와 상을 세우고 숟가락을 깔
고 물과 컵을 준비하고는 엄마의 볶음밥을 기다렸다는 것
이다. 그렇게 셋은 둘러앉아 김치볶음밥을 먹었다고 했다.
밥을 내어주고서 엄마는 급히 나가셨다고 하는데 당신이

급해서 들렀을 일을 까먹을지도 모를 일이다. 엄마는 그 이후로, 어째서 그 시간에 집에 있었냐는 말을 아들에게 묻지 않았다고 한다.

쏭쏭 썰어서 지지고 볶아주고 아들의 입안에 넣어주던 엄마의 뽂음밥만큼이나 나의 당면국에도 그 아늑이 아련하게 비벼져 물컹물컹 입안에 담긴다. 그 맛이 슬퍼지면 차마 늙은 당신의 얼굴은 못 보는 것이다.

11월 23일

시

추신
| 봄에 쓴 편지에 붙여 |

채집통의 나비를 꺼내어 날개를 떼어내던 시절

깃털 없는 새들은 주름을 밀며 풀숲을 향해 나아갑니다

녹아내린 달팽이 빈 둥지 속에서 배꼽처럼 잠드는

아이들은 노래하고

둘러앉아 수건을 돌리고

두고 가지 않을 마음을 기다리다 내내 혼자가 된다 해도

봄은

해마다 멍든 목련잎 하나를 훔친 고양이 얼굴입니다

나 같은 걸 누가 보려나, 하는 마음으로 왔다 가려나봅니다

11월 24일

편
지

랑에게

전부터 말했잖아. 그때부터 네가 어른 같았다고. 네가 나보다 먼저 어른이길 소망해서 그리 된 게 아니라. 한데도 우리의 역사를 돌아보면 너는 참 단단했다. 엄살이 없는 네가 참 답답하기도 했는데 토로한다고 해소되지 않는다는 걸 어린 시절에도 이미 넌 알았던 것 같아. 아버지는 돌아가셨어, 담담한 네가 아무렇지 않게 아버지가 두고 가셨다는 어렵고 무거운 책들을 가리키며 말했지. 아버지의 서재에서 교복을 입은 우리는 말없이 낯선 책들의 이름이 마치 우리의 이름이 된 듯 서로를 조심스러워했던 것 같다.

넌 상실을 입에 물고 다니던 나 같은 놈이 아니어서 좋았어. 담담한 모습으로 공 굴리듯 했지. 얼굴에 눈물을 그리고 저글링을 하는 흔한 광장의 그 흔하디흔한 광대처럼 네가 가진 모든 부정을 받아들이며 너는 잘도 웃고 잘도 웃겼지. 그 시절 우리가 가진 상처라는 게 터무니없이 귀여워질 때가 있다는 오래전 너의 말과 그것을 동그랗게 굴리기까지 깎고 부서졌을 네 마음에게 늦은 안부를 전한다. 어디고 언제고 너는 그렇게 서 있었다. 한시도 무너지지 않았다. 고마웠다.

사람의 눈에서 멸종되었다는 동물을 찾아 낯선 타국으로 간 카메라 감독이 있다. 나무 위에 조잡한 집을 짓고 멸종되지 않았다는 단 하나의 확신으로 그는 단서와 흔적에 기대어 곳곳에 카메라를 설치했다. 식량과 장비를 채워주는 조력자들은 약속된 날짜에만 잠시 다녀갈 뿐, 그곳에서 그는 철저히 혼자였다. 작은 이불 안에서 추위와 고독을 붙들면서 그는 설득했다. 자신에게, 멸종되었다는 동물에게 그리고 자연과 모두를 아우르는 신에게 말했다. 하지만 멸종은 그의 확신 밖에 있었다. 어디에도 보이지 않았다. 다행히도 그는 포기를 알았고 조력자들에게 무전으로 철수를 알리면서 여정은 끝이 났다. 그리고 그 밤, 멸종이 그의 눈앞으로 왔다. 카메라, 카메라!

존재의 유무와 별개로 그는 약속을 지켰다. 나무 위의 집을 치우고 장비를 챙겨 마땅히 가야 할 곳으로 돌아갔다. 그곳에 무엇도 두지 않았다. 그의 손으로 확신과 의구심들, 실수와 아쉬움을 멸종시켰다. 조력자들에게 감사를 전하는 일도 잊지 않았다. 믿었던 일들을 혹은 믿고자 했던 일들을 집안에 들이지 않고 다음을 준비하면서 아마도 다른 확신을 기대하면서 병원에 들러 몸을 살피고 장비를 정돈하면서 그는 일상으로 돌아와 무력감을 내보이지 않았다. 해야 할 일을 멈추지 않고 인력으로 되지 않은 일은 차갑게 버렸다. 신에게 무릎 꿇지 않고 함부로 기도하지 않으며 꾸준히 자신의 일을 했다. 오직 자신을 믿으며 사랑을 게을리하지 않았다.

랑아, 너의 어른을 일찍이 내게 보여주어서 고맙다. 가득한 마음을 담아 쓴다.

11월 25일

잡
문

도무지 쓸모를 모를 기억

나를 잃어버리고도 엄마는 가게 입구 계단 턱에 앉아 아주머니들과 총각무를 다듬고 있었다. 웃고 떠들던 모습이 여전히 햇살 같다. 빨간 고무다라이와 무딘 칼을 든 여자들과 눈을 찡그리게 하던 주말 오후의 붉은 볕. 나를 잃어버린 지도 모르고 엄마는 웃고 있었다. 어째서 그 먼 곳까지 가게 됐는지 모르겠지만 낯익은 집과 담벼락 그리고 십자가를 따라 엄마, 엄마! 울며 나는 집으로 갔다. 네 살 때의 일이다.

맨홀 구멍으로 유리구슬이 빠진 여름이었다. 얼굴도 잘 모르던 동네 형은 힘겹게 시멘트 맨홀을 들어올렸고 난 짧은 팔을 휘저으며 하수구에서 구슬을 더듬더듬 집으려 했었다. 그리곤 모든 세상이 어두웠다. 나는 왼손잡이였다. 그 형이 놓친 맨홀 덕분에 오른손잡이가 되어 그후로 더는 아버지에게 혼은 나지 않았다. 내 왼손 검지 밑에는 아직도 선명한 실밥들이 있고 신경이 끊긴 탓에 나는 여전히 왼손 엄지에 힘을 주지 못해 상대를 치켜세워주려면 꼭 오른 엄지를 사용해야 한다. 여섯 살 때의 일이다.

1학년 6반, 2학년 7반, 3학년 1반, 4학년 9반, 5학년 1반, 6학년 3반. 왜 기억나는지 모른다.

1학년 세번째 받아쓰기 시험 전까지 나는 한글을 떼지 못해서 네 살 터울의 형에게 바보, 멍청이, 똥꾸녕이라는 놀림을 받아야 했다. 그렇게 시작됐는지도 모른다. 나는 바보, 란 소리를 들으면 안 하던 공부를 잘도 했다.

서은실, 2학년 1학기 1분단 셋째 줄에 앉아 책상의 반을 그어놓고서 그렇게나 자주 싸웠다. 내가 너 좋아했어. 바보야!

3학년 2학기 방과후에 부반장이라는 이유로 코끼리에 관한 정보를 사진을 붙여가며 스케치북에 적는 일을 했다. 정말 하기 싫었던지 코끼리를 코키리로 적어 다음날 이게 뭐야? 놀림을 받은 기억도 있다.

6학년, 소풍 가는 버스 안에서 넥스트의 〈도시인〉을 부르자 영어가 나온다는 이유로 선생님에게 마이크를 뺏겼다. 풀이 죽은 나는 바람이 머물다 간 들판에 모락모락 피어나는 저녁 연기, 를 들으며 음악을 몰라, 선생님은 음악을 몰라, 하며 시린 풍경을 바라봤다.

11월 26일

잡
문

무진장

혼자서 여행 다니길 즐겨 했던 때가 있었다. 그때는 주머니 사정이 여의치 않았고 그렇다고 손 벌려 어디를 떠난다는 게 썩 유쾌하지 않아서 최소한의 경비로 시작하기엔 최소한의 인원인 혼자가 편할 수밖에 없었다. 첫 도착지를 정한 뒤 상황에 따라 일정을 변경하는 비자발적 무계획성 여행이자 자율성 없는 자유여행이기도 했는데 경비가 떨어지면 집으로 돌아오는 단순한 원칙 말고는 정말이지 계획이나 목표랄 게 없었다.

없는 경비에 그나마 다행이었던 건 지방 여러 곳에 가까운 사람들이 살고 있다는 점이었다. 줄곧 서울에서 지내온 나로서는 집안의 고향인 군산을 제외하고는 딱히 연고랄

게 없는 처지였지만 군대와 재수학원, 대학을 거치면서 먼 곳의 사람들과 가까이 지낼 일이 많았고 그런 인연들 덕분에 생경한 여러 곳의 낯설고 날선 사투리들을 현지인의 일상으로 받아낼 수 있었다. 그들의 인사와 그들의 식사와 그들의 눈으로 바라보던 도시 그리고 읍과 면과 사람과 풍경들 모두 빠짐없이 아름답던 시절이었다.

함 온나, 고향인 부산을 두고 거제로 내려가 배를 만들고 있다던 군대 후임은 나와 동갑인 친구였다. 열에 아홉은 먼저 전화를 걸어와 안부를 물어서 열에 열마다 나를 어지간히 염치없는 놈으로 만들곤 했었다. 그렇게 미안한 맘을 갖고 있던 차에 통영에서 그의 전화를 받았었다. 안 오면 입을 그러니까 내 부리를 용접해버린다는 말이 신선해서 늦은 오후에 부랴부랴 일정에 없던 거제로 가게 되었다.

녀석은 소리가 아주 요란한 싸구려 오토바이를 타고 나타났다. 뭐가 그리 급한지 곧장 오토바이에 나를 태우고는 내달렸다. 아주 기가 막힌 막횟집이 있다고, 여자친구는 지금 자기 집에 있다고, 아! 그리고 이 오토바이가 어째서 저째서 누구한테 갔다가 사고가 나고 그래서⋯⋯ 다 모르는 이야기들이어서 처음 맞는 거제 바람인가 싶었다.

막회는 말 그대로 기가 막혔다. 뒤늦게 녀석의 작업복을 보고 할머니의 버선발이 생각난 건 막회가 기가 막혀서는 아니었다. 우리는 군대 얘기로 그날을 보냈다. 한 번만 더 그러면 여드름이 살려달라고 할 때까지 짜버릴 거니까 그렇게 알아, 내가 그렇게 나 자신을 겁주었다며 붉은 얼굴로 말하면서 뾰루지 하나만 나도 이상하게 내가 생각난다던 녀석의 그 말은 내가 한 말은 아니었지만 나 역시 녀석을 볼 때마다 생각났었다. 그의 얼굴에 섬처럼 떠 있던 여드름 흉터가 아직 눈에 선하다. 광주를 거쳐 해남을 그리고 여수와 통영을 그렇게 거제로 갔던 날이었다.

재수학원에서 만난 친구는 결국 목표를 이루지 못한 채 고향으로 가게 되었고 나는 그곳에서 그와 재회했다. 그가 알려준 여관은 소도시 읍내의 흔한 숙박업소들처럼 초라했고 그에 걸맞게 가격도 정직했는데 그마저도 누구 소개라는 말에 지폐 한 장을 되돌려주는 살가운 정이 있었다. 중국집에서 배달일을 하고 있다는 말을 얼핏 들었던 것도 같은데 내가 묵고 있는 여관으로 오토바이를 몰고 와서 그때 새삼 기억을 짚어봤던 것 같다. "공부한 거 아깝지 않아? 열심히 했잖아." "무슨!" 미련은 없어 보였다. 그리고는 잠깐 얼굴 보러 들른 거니 일 끝나고 다시 오겠다며 시동을 걸었다. 먹을 데가 별로 없으니 자신이 알아서 가져오겠다며 그냥 있으라는 말을 남기고 늦은 밤이 돼서야 그는 돌아왔다.

야, 회가 아니었어? 팔보채와 군만두에 우리는 소주를 마시며 학원 얘기는 하지 않았던 것 같다. 그는 "니가 가면 다 가지" 했던 내 대학 얘기를 궁금해했고 나는 그의 고향과 그가 사는 일에 대해 많이 물었던 것 같다. 누가 시키겠냐 싶지만 제법 돼, 라고 했던 그날로부터 십수 년이 지난 지금도 여느 바닷가 방파제마다 길게 줄지어 칠해진 어느 중국집, 어느 횟집 전화번호를 볼 때마다 그가 방파제에 들러 락카칠을 했다던 중국집의 이름이, 너의 이름이, 지금은 알 수 없는 너의 전화번호가 문득 그런 안부가 생각날 때가 있다.

똑똑, 문을 여니 누군가 뜨거운 비닐봉투를 쓱 건네주고 간다. 그가 자신의 동료에게 부탁한 짬뽕이었다. 그릇을 덮은 랩 위에 물기에 젖은 종이 위에 그의 마음이 번져 있었다. '잘 먹고, 잘 들어가라. 그릇은 문밖에 두고.'

무주나 장수였던 것 같다. 연고가 없는 두 곳은 아무래도 전주의 지인을 만난 후에 들렀던 것으로 짐작되지만 막연했던 시절의 여행인 터라 아무리 기억을 뒤집어도 떨어지는 게 마땅찮다. 터미널에서 내려 덕유산 근방을 가 볼까, 하는 생각에 버스를 탔고 가는 길가에 산이 많아 굳이 안 가도 다 산이구나, 하며 갈피 없이 버스에서 내려 걸었던 것 같다. 나는 마냥 걸었다. 짐이라고는 가방 하나, 나 하나 그게 다여서 누구의 기분을 배려하지 않아도 좋은 오직 나의 시간이었다. 나무는 높고 빼곡해서 대낮의 해를 지웠다. 그로 인해 인도가 없는 이차선 도로는 새날이 없을 만큼 어둡기도 했다. 무서워 우는 거라면 엄마라도 찾아내 바로 앞에 세워두고 싶던 세상 시끄럽던 매미와 얼굴 보이지 않던 새소리 그리고 얼마나 오랫동안 이별했는지 한시도 떨어지기 싫어하던 잎사귀 부딪는 소리, 간헐적으로 들려오는 자동

차의 엔진 소리와 풀벌레들이 있었다. 오싹했으나 이상하리만치 편안한 길이어서 삶이 퍽퍽한 날이면 심심치 않게 그 길이 떠오른다. 어디쯤이었을까?

마냥 걸었고 그러다 털썩 주저앉아 경사진 도로의 높은 쪽을 베개 삼아 눕게 되었다. 그때 내려다본 길은 사위가 어두웠으나 멍징하게 보였다. 보이나 가늠할 수 없는 거리가 있었다. 그만큼의 생각들이 밝혔고 그 사이로 바람과 틈새를 비집던 소음들과 나무가 있었을 법한 자리에 비루하게 들어오는 햇빛은 상처 같기도, 아니라면 햇볕은 상처 위에 내려앉은 소독 같기도 했다. 병약한 미래와 어찌할 수 없던 가난한 마음들을 점치며 쉽게 다짐할 수 없는 문제들을 짐짓 모른 척 뒤로 물리며 나는 곤히 잠이 들었다.

잠에서 깼을 때는 늦은 오후였다. 시골의 볕은 짧으니 서둘러야 했다. 가려던 길을 급히 내려오면서 갈팡질팡했다. 산자락의 바람은 추웠고 인적도 인기척도 없는 자리가 나를 불안케 해서 되도록 빨리 걷고 뛰기도 했던 것 같다. 차소리가 나는 쪽으로 가자. 그렇게 한참을 이동한 후에 차들이 보이는 지점에서 나는 안도했고 곧이어 무장 해제되었다. 바로 냄새였다. 내 오장육부를 힘주어 끌어당기는 냄새는 근방의 어디쯤에서 깊고 진하게 우러나오고 있었다. 골격이 다 무너져 흘러내린 사람처럼 나는 이끌려 갔다. 그 와중에도 간신히 코를 붙잡고 킁킁거리며 찾고 있었다. 그리고 거짓말처럼 그곳엔 아무도 없었다.

여기요, 사장님, 여기요, 그 식당은 신기하게도 문 앞에 아궁이가 있었고 뚜껑이 덮인 커다란 솥에서 무언가 끓이고 있었다. 주인 없는 식당에 앉아 나는 주인 잃은 그 솥단지만을 생각했다. 누구요, 사장님은 뒤에서 왔다. 입구 외에 주방과 통하는 또다른 문으로 들어왔는지 얼굴은 보이지 않았다. 기다리는 말도 잠시 또 한참이나 나를 홀대했다. 식당이 아닌가? 맞는데…… 스테인리스 물컵이며 투명 물병마다 붙어 있는 소주 회사 로고만 봐도 분명 식당인데, 함바집인가? 이제 영업을 안 하나? 그렇다면 밖의 솥단지는 왜? 나는 간절했다.

하나 드릴까? 사장님의 말은 간결했다. 몇 가지의 찬들과 윤기 가득한 흰밥을 비빔 그릇에 하나 똑 닮은 그릇에 김치찌개 하나를 담아 내어주었다. 물은 셀프라고 했다. 맛에 대해 물으면 답할 수 없지만 죽기 전에 한 번은 꼭 먹고 싶다. 사랑의 기술記述이란, 오직 둘의 신호여서 당사자가 아닌 모두가 난청인데 심지어 때론 둘도 둘이 하나인가, 하나 닮은 둘인가, 엇갈리기도 한다. 그런 연유로 맛있었다는 말보다 먼저 그때의 그 길과 낮잠과 풍경 그리고 냄새를 소환해보면 허기졌던 그날의 내가 보인다. 넉넉한 날들이었다. 무진장.

잡
문
과

레
시
피

딸기와 고슴도치

넌 좋아하는 게 뭐야? 사람들은 묻는다. 노는 거, 어릴 땐 그게 그렇게나 좋았다. 친구를 만나 땀나게 뛰고 웃고 한참을 떠들어도 정말이지 시간 가는 줄 몰랐다. 지금은…… 잘 모른다. 없는 것 같다. 마땅한 취미나 꾸준한 활동이 없어서도 그렇고 흥미나 자극이 일찍이 내게서 벗어난 듯도 하다. 그래서 좋아하는 게 없다고? 응, 딱히. 성의 없는 답이라 해도 별수 있나, 싸우자는 것도 아니다. 답을 뱉는 내 얼굴의 우울을 봤다면 내 말의 정직을 믿게 될 테니.

그렇다면 좋아하는 음식은? 딸기와 꽃게 그리고 즉석떡볶이. 망설임 없는 답이다. 딸기는 말야. 내가 전에 「딸기와 고슴도치」라는 시를 쓴 적도 있어. 슬픈 시이긴 한데 어쨌든 입덧이 심했던 엄마가 먹어도 먹어도 먹고 싶었다던 딸기 얘기를 스물 넘어 알았지. 그래서 내가 딸기를 좋아하나? 그래서 니가 딸기를 좋아하나? 나도 엄마도 같은 생각으로 딸기를 보는 나는 엄마 생각을, 엄마는 내가 생각난다는 딸기 얘기가 있어, 하며 육보나 장희, 죽향 같은 딸기 품종의 특징들을 신나게 떠들어댄다. 그러다 지겨워진 상대의 얼굴을 보며 뒤늦게 그럼 넌 좋아하는 음식이 뭔데? 그러고는 덧붙인다. 나는 식탐이 많지 않은데 딸기는 꼭 남보다 많게 죽어도 한두 개는 더 먹고 싶거든, 너는 그런 음식이 있어?

좋아하는 사람이 꽃게탕을 싫어한다고 하면 왜? 나는 곤란해진다. 왜? 앞으로는 좀 좋아지면 안 될까? 설득도 하고 싶어진다. 대체 왜? 이렇게 세 번은 혼자서라도 묻게 된다. 그다지 관심 없던 사람이 내가 좋아하는 음식을 좋아한다고 할 때 니가 왜? 하면 진짜 그 사람이 싫은 거지만 왜?라는 외마디는 그럼 곤란해. 좋아한다고 해줘! 하는 것이다. 내게는 그 음식이 꽃게탕이다.

가장 좋아하던 음식이 사라져서 그 맛을 찾으려고 고행한 적이 있다면 정말 사랑했다는 거다. 즉석떡볶이가 그랬다. 비슷한 맛이라도 찾아내려고 틈틈이 노력했던 때가 있었다. 왕십리, 반포, 인천, 은평 등 여러 곳을 다녔지만 모두 실패였다. 정확히 99년도에 문을 닫아서 아주 오래전이니 그 맛도 옛맛이겠지만 내게는 그 음식이 즉석떡볶이의 바이블이어서 이제 맛을 찾을 수 없는 아쉬움은 있지만 적어도 그때 먹은 방식만큼은 견지하고 있다. 라면사리 대신 쫄면, 튀김은 딱딱한 야끼만두만 야채는 대파와 양배추. 여기에 추가 가능한 건 오로지 삶은 계란 하나뿐이다. 국물에 밥은 절대 볶아먹지 않는다. 가끔은 그 방식 그대로 만들어 먹곤 한다. 부족한 맛이지만 방법이 없다. 이 귀찮은 일은 십수 년 할 만큼 좋아하는 음식이 있어? 좋아하던 음식점이 사라진 상실감에 비슷한 음식점을 찾으려 돈을 버린 경험이 있어? 그렇다면 넌 뭐든 잘할 사람이야!

즉석떡볶이는 아니지만 국물떡볶이 레시피를 남긴다. 참고로 학교 정문이 아닌 후문 쪽, 떡볶이 전문은 아니고 문방구를 겸하는 집의 조미료 맛이 조금 강한 그런 느낌의 떡볶이다. 맛이 부족하면 조미료를 망설임 없이 넣어줄 것. 오뎅의 반은 처음부터 넣고 나머지 반은 나중에 넣을 것. 끓이는 시간은 십 분을 넘기지 말고 육수가 한번 끓었다면 그 이후에는 반드시 약한 불로 익힐 것. 아, 레시피는 국물뿐이니 떡과 오뎅, 대파 이외의 추가재료는 본인의 취향대로.

생수 또는 수돗물 500g

쇠고기 다시다 6g

혼다시 3g

설탕 38g

고운 고춧가루 15g

고추장 25g

진간장 10g

순후추 기호에 따라 적당량

11월 28일

편
지

L에게

강화도는 어떠냐? 흘러간다는 게 고작 그 멀지도 않은 바다였냐? 아주 멀리 간 것 같았는데 아니 차라리 더 멀리 갔기를 바랐는데 겁나도록 짧은 거리여서 놀랐다. 그곳에서 목공예를 만들어 판다는 말을 듣고 나무를 깎고 다듬는 네 커다란 눈이 생각났다. 그 눈이 이제는 아물었는지 여전히 씻겨내도 불투명인지 알던 것을 죄다 잊힌 눈으로 사는지 궁금했다. 그래서 어떻게 지낸다는데? 뭐 하고 살았다는데? 묻고 싶은 게 많았지만 너를 알아봤다는 녀석에게 무엇도 묻지 못했다.

괜찮은 것 같더라, 그 말 앞에 왈칵 쏟아지는 옛일이 그 말 뒤에 차마 꺼내기 싫은 상실이 그 말 안에서 곤곤한 이름은 내가 들어올릴 수 없는 무엇이어서 녀석도 나만큼이나 그러려니, 그러겠거니, 너를 보며 울컥을 들이켰을 테니 아무렴, 네게 묻지 못하는 게 많았을 것이다.

그래도 곁에 누군가 있었다는 말이 조금은 안심이 됐다. 아무래도…… 녀석의 말은 거기까지였지만 정확히 거기까지여서 적당했다. 무례하지 않았다. 적당한 거리, 지금 너와 나의 거리만큼 우리 모두가 그날 이후 적어도 한 발자국은 떨어져 너를 지켜봐야만 했다. 위로할 수 없었다. 넌 이미 무너진 채였고 우리의 손으로는 세워지지 않을 것 같았다. 함부로 사람을 살리고 결국 없는 사람을 이겨내라는 뻔한 입말들이 네가 아닌 우리를 위한 당부일지 모른다는 두려움도 있었다. 그러니 비겁하지만 세월을 믿어야 했다. 서운했다면 용서 바란다. 설령 두고두고 미워한대도 좋다. 마음 안에 있다는 안부로 받겠다.

계절 때문인지는 몰라도 요 며칠 잠을 못 자면서 괜한 상념들이 많았다. 그런 와중에 몇 자 적는 것이니 부담 없었으면 한다. 평생토록 네가 택한 고요를 응원할 테니 바라건대

윤슬이 되었음 한다. 반짝이는 잔물결, 네 커다란 눈 속에서 잔잔한 평화가 깃들었길 또한 바라며 너의 안녕을 기도하마.

　고맙다.

잡
문

토박이

꼭 그런 것은 아니지만 고향에서 늙는다는 건 무리 없는 인생이었단 뜻이기도 할 것이다. 태어나 꾸준히 이곳에 있었으니 지독히 오래되었다. 고향, 그 말에서 나는 뜻과 다르게 높은 곳으로부터의 은은한 향을 맡고 고향, 그 안에서 아득한 향수를 앓는다. 가만 멈추어 옛일을 소환하면 그곳은 내 친구의 집이었고 그의 누나가 끓여주던 라면을 먹던 우리가 있었는데 바로 그 이층 높이에는 지금 세련된 간판의 회사가 반듯한 건물에 입주해 있다. 발끝에 치이는 돌멩이 하나 없는 길이라면 추억 몇 개를 들어올려 돌탑을 쌓는 일도 더러 있다. 그리곤 이상하리만치 매번 높은 곳을 보게 되면 기억은 어째서 어제도 아닌 아주 오랜 일뿐인지 하필이면 기억이 건강한 나를 따스한 욕조에 두고 녹아내리게 한다.

　군사용 철로는 동네의 반을 기괴하게 나누고 있었다. 한 달에 한두 번 정도 화물칸만을 싣고 가는 열차들이 보였지만 폐선로에 가까웠고 높은 철조망으로 이어진 우범지대이기도 했다. 윗동네와 아랫동네를 이어주는 지하보도와 굴다리가 하나씩 있어 그곳을 통해 교통이 이뤄졌지만 두 길은 음침하고 어두워서 내키지 않은 길이기도 했다. 그리고 가좌역과 홍대입구 철로 주변에는 흔히들 땡땡거리라 부르는 귀찮고 번거로운 길이 있었다. 유년의 나는 이 철로에서 자주 놀았다. 여름이면 곤충채집을 하였고 겨울에는 동물 발자국을 따라 걷기도 했다. 머리가 조금 커서는 공업용 본드와 비닐봉지, 찌그러진 부탄가스 통들이 눈에 들어왔다. 친구들 몇은 쓸만한 것들을 뺏기기도 했던 곳에 산책로가 딸린 공원이 생기면서 사람들은 북적였다. 동네에 오래 거주한 사람일수록 그 공원을 잘 이용하지 않는다고들 한다. 나 역시 그래서 왠지 모르게 인사도 안부도 없는 활발한 공원이 쓸쓸하기도 씁쓸하기도 하다. 공원을 볼 때마다 생각한다. 번화가 정경을 지웠구나. 다중의 향수가 이웃의 채

취를 감추면서 동네에 더는 이웃이 없는 것 같다.

철로를 따라 수상하게 지어진 맨션은 군사정권 시절, 중앙정보부 직원들을 위해 지어졌다는 말이 있었지만 알 길은 없다. 계단은 턱이 없는 평평한 구조로 엘리베이터가 없었는데 중학교 때 운동 삼아 했던 신문 배달 지역이 하필 이 맨션이어서 죽을 맛으로 두어 달을 버텼던 기억이 난다. 487번지에서 쌀가게를 하던 아버지도 이 맨션을 갖고 있었는데 IMF 즈음에 사라졌다. 마침 아버지의 손을 떠나자 한다, 만다 하던 맨션의 재건축이 그 이듬해에 시작되었다. 아버지, 괜찮아요! 거기 음침해, 아주 별로야.

우리 쌀가게가 있던 좁은 거리는 구십년대 말까지만 해도 동네에서 제법 번화한 거리였다. 그리 길지 않는 길에 약국이 세 개, 슈퍼가 네 개, 도배집, 과일집, 만화방과 오락실, 수선집과 중국집 등이 밀집된 상점가였다. 그 길 끝 도로에서 마을버스를 타거나 모래내 방면에서 버스를 이용하려는 사람들이 모두 그 길을 이용했던 때였다. 아버지와 어머니는 정직한 사람들이었다. 외상값 달라는 말을 두 분 모두 못하는 성격이어서 서로 떠밀다 못 받는 경우도 허다했지만 오죽했으면 그랬을까, 하고는 말았다. 대부분의 상점 주인들 역시 내 부모와 같아서 소박하고 성실한 인상들, 정성과 안녕이 담긴 안부들, 밝고 따뜻한 거리에는 덤과 떨이와 헤아림과 살핌이 두루두루 많았다.

내가 그곳에서 그들로부터 배운 삶의 인사는 매우 값지고 귀한 것이어서 그 길에 가끔 들리게 될 때면 더는 보이지 않을 그때 그 사람들이 발끝에 맺히거나 눈 끝에 아른거려 마음이 몽글몽글해지곤 했다. 상점의 문을 열고 들어가 잘 계셨냐는 안부를 묻고 익덕이나 현득, 경곤과 승필의 생활을 엿들으며 잘됐네요, 건강 잘 챙기세요, 꾸벅 인사를 하고는 배부른 마음으로 집으로 돌아가고 싶지만 익숙한 간판 하나가 없는 것이다.

그 길과 이어진 도로 끝에는 풀밭이 두 개 있었다. 보통은 큰 풀밭에서 또래들과 모여 뜀박질하며 놀았는데 심지어 공사장에서 나무들을 주워와 끈으로 매듭을 묶어 아주 우스꽝스런 나무집을 지었던 기억도 난다. 작은 풀밭은 고기를 구워 먹으며 술도 한잔하던 마당 같던 곳이기도 했는데 음식이 떨어지면 풀밭 건너에 사는 후배 집에서 넉넉히 다른 것까지 얻어올 수 있던 낭만이 깃든 장소기도 했다.

당시 그곳은 연남동에서 홍제천을 가로질러 성산동으로 가는 도로가 없던 때여서 한적했지만 2002년 월드컵을 기점으로 연남교가 생기며 일대가 혼잡해지게 되었다. 우리는 그것을 망각한 채 군대 전역 기념으로 그곳에 모여 고기를 굽고 여느 때처럼 술을 마시다 주민 신고도 아닌 도로를 지나던 차량의 신고로 경찰의 주의를 받기도 했다. 그날 "형, 집에 삼겹살 많으니까 고기 많이 사지 마" 호기로웠던 쪼단이라는 녀석은 고기가 떨어질 즈음에 고기를 가져오겠다며 뛰어가서는 한 시간가량 오지 않았다. 그렇게 한참이나 기다리던 우리 앞에 검정 비닐봉지를 휘휘 흔들며 방정맞게 뛰어온 그가 "아, 이거 꽝꽝 얼어서 좀 녹여야 돼!"라며 투박하게 내민 건, 순백의 생닭이었다. 사람을 때려죽일 수도 있을 만큼 경직된 두 다리가 있었다. 그는 곧장 생닭을 두고 내달려서는 돌아오지 않았다.

이제 생닭이라 불리는 그 작은 풀밭 인근에 생고깃집이 생겨 우리는 그곳에서 고기를 구워 먹는다. 생닭을 바라보면서 왁자지껄 술을 마신다. 쌈장이나 마늘을 빌려 오던 후배의 집은 헐려 새로운 빌라가 들어섰고 주완이도 명성이 형도 더는 소식이 없다. 놀자고 부른다 한들 열리지 않을 문들은 모두 남의 집이 되었지만 아직은 생닭이라 불리는 풀숲이 있어 다행이다. 모두에게 인사를 전한다. 잘들 계서라!

11월 30일

시

벽제

땅을 그을리고 하우스가 내려앉은 곳

화원이 있던 자리다

도망 못 간 식물들이 독을 뱉고 죽어서

하우스를 빙 둘러 노란 줄을 묶어두었다

내 또래의 주인이 시중보다 비싸게 팔던 식물은

내 집에서도 죽었는데

못 살겠다, 토지 보상, 이주대책 피 말린다

하얀 천 위에 피 닮은 붉은 글씨들이 있었다

그곳엔 누가 먼저 와 살았을까,

속도를 줄여야 했다, 그 화원 앞에는 과속카메라가 있으니

타버린 꽃들은 부서졌을까, 가깝고도 먼 거리에

화장장이 있다 사람을 태우는

슬프지 않아! 그녀는 꽃을 보며 말한다.

자신이 꽃인 듯 정말 그렇지 않아?

동의를 구한다.

숨 막혀 못 살겠다, 책임지고 보상하라

과습은 축축한 병이다

화원은 메말라 있고

화원火源은 누구인지 모른 채

들녘이 있는 도로를 가로지르면 멀리 불타는 냄새

가을도 아닌데 벌써 난

그 냄새가 좋은 거다 답답해,

네 가슴을 때리며 죽을 것 같아 당신은 말했지

안아달라는 말이 아니라

떠나달라는 말도 모르게

가을이 오겠다

생일과 일생

ⓒ 오병량 2025

초판 1쇄 인쇄 2025년 10월 20일
초판 1쇄 발행 2025년 11월 1일

지은이 오병량

책임편집 유성원
편집 정가현 정수범
표지디자인 한혜진 **본문디자인** 이주영
저작권 박지영 형소진 주은수 오서영 조경은
마케팅 정민호 박치우 한민아 이민경 박진희 황승현 김경언
브랜딩 함유지 박민재 이송이 박다솔 조다현 김하연 이준희
제작 강신은 김동욱 이순호
제작처 영신사

펴낸곳 (주)난다
펴낸이 김민정
출판등록 2016년 8월 25일 제406-2016-000108호
주소 10881 경기도 파주시 회동길 210
저작권 및 독자문의 copyright_nanda@munhak.com
작가섭외 및 행사문의 innanda@munhak.com
인스타그램 @nandaisart **페이스북** @nandaisart **엑스** @wingedpoems
문의전화 031-955-8865(편집) 031-955-2689(마케팅) 031-955-8855(팩스)

ISBN 979-11-24065-02-0 03810